/ 100 位
为新中国成立作出突出贡献的英雄模范人物 /

# 林 祥 谦

陈孝华/编著

★

吉林出版集团 | 吉林文史出版社

图书在版编目（CIP）数据

林祥谦 / 陈孝华编著. -- 长春：吉林文史出版社，
2011.4（2024.5重印）
（100位为新中国成立作出突出贡献的英雄模范人物）
ISBN 978-7-5472-0556-3

Ⅰ. ①林… Ⅱ. ①陈… Ⅲ. ①林祥谦（1892～1923）—
生平事迹 Ⅳ. ①K827=6

中国版本图书馆CIP数据核字（2011）第050728号

# 林祥谦

LINXIANGQIAN

编著/ 陈孝华

选题策划/ 王尔立　责任编辑/ 王尔立

装帧设计/ 韩璘

出版发行/ 吉林文史出版社

地址/ 长春市福祉大路5788号　邮编/ 130118

电话/ 0431-81629363　传真/ 0431-86037589

印刷/ 天津海德伟业印务有限公司

版次/ 2011年4月第1版 2024年5月第7次印刷

开本/ 640mm×920mm　1/16

印张/ 9　字数/ 100千

书号/ ISBN 978-7-5472-0556-3

定价/ 29.80元

# 100 位

为新中国成立作出突出贡献的英雄模范人物

| | | | | | |
|---|---|---|---|---|---|
| 八女投江 | 于化虎 | 小叶丹 | 马本斋 | 马立训 | 方志敏 |
| 毛泽民 | 毛泽覃 | 王尔琢 | 王尽美 | 王克勤 | 王若飞 |
| 邓 萍 | 邓中夏 | 邓恩铭 | 韦拔群 | 冯 平 | 卢德铭 |
| 叶 挺 | 叶成焕 | 左 权 | 诺尔曼·白求恩 | | 任常伦 |
| 关向应 | 刘老庄连 | 刘伯坚 | 刘志丹 | 刘胡兰 | 吉鸿昌 |
| 向警予 | 寻淮洲 | 戎冠秀 | 朱 瑞 | 江上青 | 江竹筠 |
| 许继慎 | 阮啸仙 | 何叔衡 | 佟麟阁 | 吴运铎 | 吴焕先 |
| 张太雷 | 张自忠 | 张学良 | 张思德 | 旷继勋 | 李 白 |
| 李 林 | 李大钊 | 李公朴 | 李兆麟 | 李硕勋 | 杨 殷 |
| 杨子荣 | 杨开慧 | 杨虎城 | 杨靖宇 | 杨闇公 | 萧楚女 |
| 苏兆征 | 邹韬奋 | 陈延年 | 陈树湘 | 陈嘉庚 | 陈潭秋 |
| 冼星海 | 周文雍、陈铁军夫妇 | | 周逸群 | 明德英 | 林祥谦 |
| 罗亦农 | 罗忠毅 | 罗炳辉 | 郑律成 | 恽代英 | 段德昌 |
| 贺 英 | 赵一曼 | 赵世炎 | 赵尚志 | 赵博生 | 赵登禹 |
| 闻一多 | 埃德加·斯诺 | 夏明翰 | 格里戈里·库里申科 | | |
| 狼牙山五壮士 | 聂 耳 | 郭俊卿 | 钱壮飞 | 黄公略 | |
| 彭 湃 | 彭雪枫 | 董存瑞 | 董振堂 | 谢子长 | 鲁 迅 |
| 蔡和森 | 戴安澜 | 瞿秋白 | | | |

# 前　言

　　每个人的心中都多少有一点英雄情结，都向往英雄、景仰英雄。也正因此，在中华人民共和国建国六十周年之际，由中央十一部委联合组织开展的"100 位为新中国成立作出突出贡献的英雄模范人物和 100 位新中国成立以来感动中国人物"的评选活动中，群众参与投票总数近一亿。这其中的每一张选票，都表达了人们对英雄模范的崇敬之情，寄托着对伟大祖国的美好祝福。

　　一个民族不能没有英雄，否则这个民族就不会强大。当国家危难之时，懦弱者选择了逃避、妥协甚至投降，英雄们却挺身而出，用热血捍卫民族的尊严，人民的幸福。在创立和建设新中国的伟大历程中，涌现出无数可歌可泣的英雄模范人物。他们之中，有为了民族独立和人民解放而英勇牺牲的革命先烈，有为了党和人民的事业而不懈奋斗的优秀共产党员，有在全民族抗战中顽强奋战、为国捐躯的爱国将士，有英勇杀敌的战斗英雄和革命群众，有积极从事进步活动的著名民主爱国人士和国际友人……他们是民族的脊梁、祖国的骄傲，是激励全体人民团结奋斗的精神力量。

　　《100 位为新中国成立作出突出贡献的英雄模范人物传记》丛书，就像一部星光璀璨的英雄谱，真实、完整地记录了英雄模范人物不平凡的一生，再现了他们非凡的人格魅力和精神世界。"头颅可断腹可剖"的铁血将军杨靖宇，"毫不利己，专门利人"的白求恩，"抗战军人之魂"张自忠，"砍头不要紧"的夏明翰，"俯首甘为孺子牛"的文化斗士鲁迅……一串串闪光的名字，一个个动人的故事，犹如群星闪烁，光耀中华。

　　如今，战火已熄，硝烟已散，英雄已逝，我们沐浴在和平的幸福之中。在和平年代，人们不会忘记为今日的和平浴血奋战的英雄们，英雄的故事永远不会结束。让我们用英雄的故事唤醒我们心中的激情，为中华民族的伟大复兴而奋斗。

# 生平简介

　　林祥谦（1892-1923），男，汉族，福建省闽侯县人，中共党员。

　　林祥谦 1906 年进福州马尾造船厂当学徒。1912 年到京汉铁路江岸机车车辆厂当钳工。1921 年 12 月参加中国劳动组合书记部武汉分部会议，并作为发起人之一筹备组织京汉铁路江岸工人俱乐部。1922 年夏加入中国共产党，不久当选为江岸京汉铁路工会委员长。1923 年 2 月 1 日，京汉铁路总工会在郑州召开成立大会，遭到北洋军阀吴佩孚的破坏和镇压。为抗议军阀的残暴行径，总工会决定于 2 月 4 日举行全路总同盟罢工，林祥谦被指定为江岸地区罢工的总负责人。2 月 7 日，林祥谦带领工人同前来镇压的反动军队进行了英勇搏斗，终于寡不敌众，与十几名工会领导人和工人代表被敌人逮捕。当夜天降大雪，敌人把林祥谦绑在江岸车站站台的木桩上。反动军阀让林祥谦下令复工，遭到林祥谦断然拒绝。刽子手举刀砍向林祥谦，每砍一刀，就问："上不上工？"已成血人的林祥谦斩钉截铁地说："上工要总工会的命令。我们是头可断，工不可上！"屠刀再次挥向这位不屈的战士，林祥谦拼尽最后的力气怒斥敌人："可怜一个好好的中国，就断送在你们这班混账王八蛋手里！"而后英勇就义，年仅 31 岁。

**1892-1923**

**[LINXIANGQIAN]**

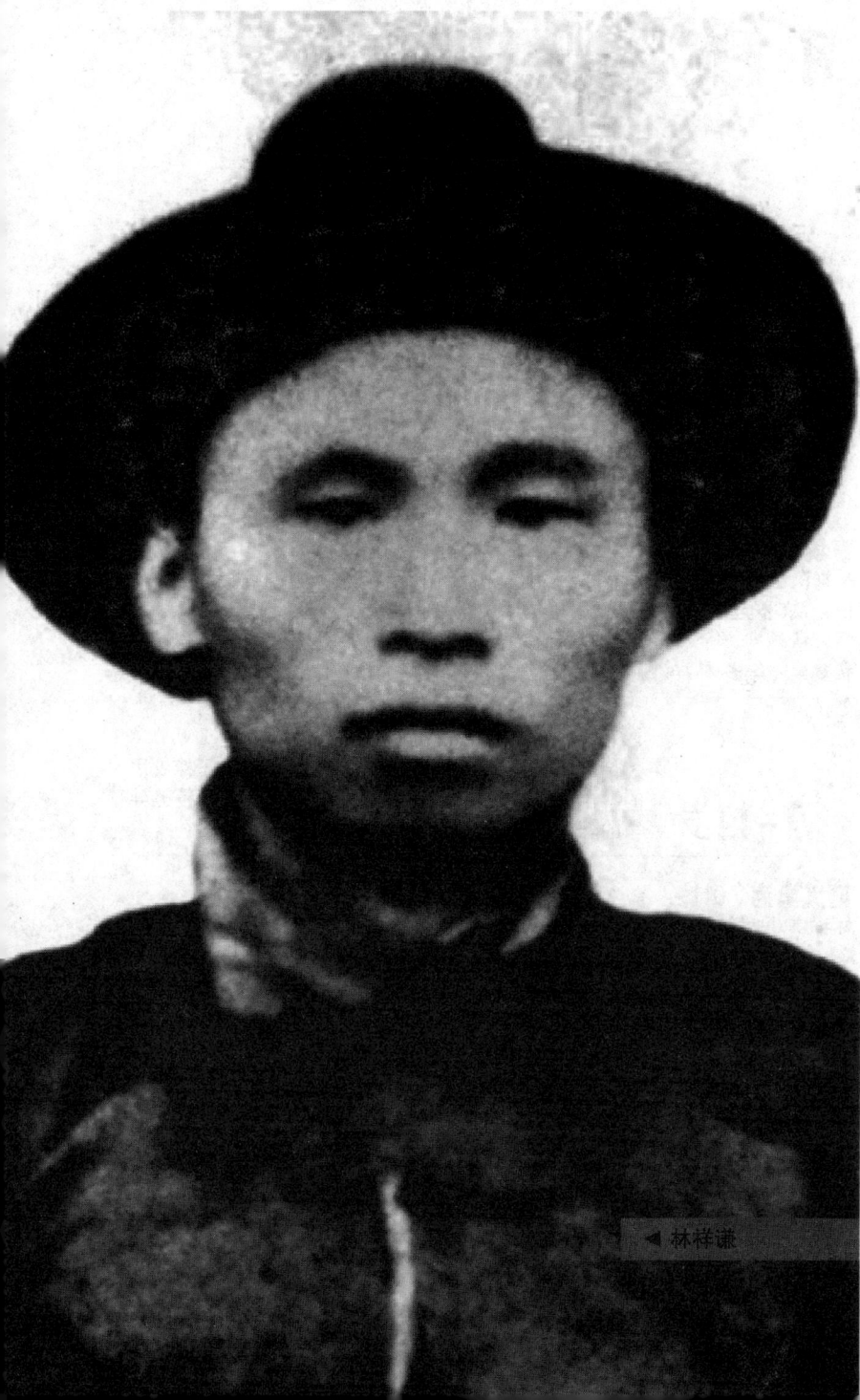
◀ 林祥谦

# 目 录 MULU

### 显示威力 / 061

**30岁**

林祥谦以工人俱乐部为阵地，切切实实地为工人办事。为争取实现工人的利益和要求，林祥谦和俱乐部委员们同厂方进行交涉和斗争，取得了过去所无法达到的目的。林祥谦得到工人群众的信任和敬佩，当选为江岸分工会委员长。1922年夏天，林祥谦加入中国共产党。

## ■京汉铁路罢工潮（1923）/ 067

### 团结战斗 / 068

1922年中共"二大"召开以后，工人运动在全国迅猛发展。工人团结战斗显威力，各地铁路工人互相声援，沉重打击了反动势力。1922年底，京汉铁路各站已经建立16个工会分会。为了适应全国工人运动日益高涨的形势，京汉铁路工人迫切要求建立全路统一的工会组织。

**31岁**

### 风雷激荡 / 076

**31岁**

林祥谦以江岸分工会代表的身份赴郑州，参加京汉铁路总工会成立大会。军阀吴佩孚下令禁止召开京汉铁路总工会成立大会，反动军警占领总工会会所。代表和来宾被军警包围、监视，完全失去了人身自由，京汉铁路总工会成立大会遭到摧残。总工会决定京汉全路总同盟大罢工，推选林祥谦等人领导江岸方面的罢工斗争。

### 肩负重任 / 088

林祥谦废寝忘食，全力以赴，紧张而又沉着地做好罢工的各项准备工作，周密地制定了罢工的计划和行动步骤。接到总工会关于罢工的指示后，林祥谦立即下达了罢工令，一千多里京汉铁路瘫痪了。

**31岁**

### 勇往直前 / 095

**31岁**

严峻的形势，使林祥谦面临着火与剑的考验。他没有丝毫退却的表现，而是更勇敢地顶着恶浪冲向前。在罢工开始后的四昼夜里，他率领江岸铁路工人，与帝国主义势力和封建军阀进行了殊死搏斗。

# 中国工人运动先驱者(代序)

1923 年 2 月 7 日，中国工人阶级的杰出代表和中国工人运动的先驱者林祥谦，以自己的鲜血谱写了为中华民族的解放事业而献身的悲壮诗篇。

林祥谦的成长道路，真切地揭示：林祥谦之所以能自觉地为中国工人阶级的历史使命而奋斗并为之献身，是由于他接受了马克思主义，踏踏实实地努力践行中国共产党的宗旨。

1906 年，林祥谦进入福州马尾造船厂当钳工，从而成为中国近代产业工人的成员。近代以来，中国工人阶级深受残酷的剥削和压迫，具有改变自己的悲惨境遇的强烈要求。无论在马尾造船厂或是在江岸铁路工厂，林祥谦总是联合工友们用怠工等方式进行斗争。但是，这些自发性的反抗斗争，都没有能改变工人们的政治地位和经济地位。"成年累月做牛马，吃喝如猪穿如柳。军阀刀鞭沾满血，工人何时能出头？"林祥谦和千千万万中国工人一样在黑暗里苦斗，他们渴望对现实中的种种问题能有新的合理的解答。

1921 年，工人阶级的革命政党中国共产党的成立，给灾难深重的中国人民带来了光明和希望。它像光芒四射的灯塔，指明了中国工人阶级和广大人民的斗争道路。林祥谦的人生道路从此开始发生了根本性的变化。

党的"一大"后，首先以主要力量领导工人运动。1921 年 8 月，中国劳动组合书记部在上海成立，作为党公开领导工人运动的机关，创办了指导工人运动的刊物《劳动周报》。武汉是当时工人最集中的城市之一，党非常重视这里的工人运动。中共武汉区委和中国劳动组合书记部武汉负责人陈潭秋等，深入工人群众中去，进行了大量的宣传教育工作，通俗地讲解马克思主义的基本原理，启发工人的觉悟。武汉地区党组织很快地发现并及时地培养了富有反抗精神、在江岸铁路工人中有威信的林祥谦。

领悟真谛，人生转折。林祥谦与中共武汉区委和劳动组合书记部武汉分部负责人的接触日益频繁。陈潭秋深入浅出地向他讲解《共产党宣言》的基本观点和"全世界无产者，联合起来"的战斗口号。从这以后，林祥谦找到了领路人，走上了党所指引的革命道路。林祥谦接受马克思主义，提高了阶级觉悟，逐步锻炼成为有共产主义理想的工人阶级先锋战士。只是到这时候，他才真正认识到自己的阶级利益和历史使命，并为之去奋斗，直至牺牲自己的生命。

在帝国主义和军阀政府的统治下，中国工人没有任何民主权利，工人运动动辄遭镇压，工会领袖随时都可能受到迫害，因此，必须具有为工人阶级的使命而献身的精神，具有不畏强暴、敢于斗争、宁死不屈的英勇气概。作为中国工人运动先驱者，林祥谦具备这种精神和气概。林祥谦自从得到党的教育和引导，接受马克思主义后，思想发生飞跃性升华，从过去朴素的助人为乐、忘我为公的道德层面转变为为崇高理想而勇于献身的精神境界，从以往自发的反抗性格层面上升为自觉地为中国工人阶级历史使命而奋斗的英雄气概。所以，林祥谦经受住了火与剑的严峻考验，赢得了工人群众的信任和敬佩，勇敢地顶着恶浪向前冲，以至血染江岸车站的壮举。

在党的领导下，林祥谦表现出为工人阶级和人民群众谋利益的大公无私精神。他以自己的实际行动，启发工人的阶级觉悟，促进江岸工人的团结。林祥谦为工人阶级的解放事业而忘我工作的崇高品质，得到工人群众的赞许和拥戴，成为江岸铁路工人的领袖。1922年夏，林祥谦光荣加入中国共产党。从此，这位工人运动的先驱者更加自觉地为执行中国工人阶级的历史使命而奋斗。

1923 年 2 月 1 日在郑州召开京汉铁路总工会成立大会。林祥谦以江岸分工会代表的身份赴郑州参加大会。面对军阀的高压政策，林祥谦和参加成立大会的各路代表，不畏强暴，誓为争自由民主权利而冲锋陷阵。京汉铁路总工会成立大会遭到军阀摧残，使林祥谦和各站代表痛感到"争回人格及自由——此乃我们今后的重要使命"。为此，总工会决定京汉全路总同盟大罢工，号召全路工人"为争自由作战，争人权作战，只有前进，决无退后"。会议还决定总工会移到江岸办公，成立总罢工委员会，推选林祥谦、曾玉良等人领导江岸方面的罢工斗争。京汉铁路工人大罢工发起后，林祥谦把自己的心血全部贯注到斗争洪流中去，置生死于度外，始终站在斗争最前列。

军阀政府动用武力野蛮镇压罢工风潮。吴佩孚命令湖北督军肖耀南从速消灭罢工的领导力量。严峻的形势，使林祥谦面临着火与剑的考验。他没有丝毫退却的表现，而是更勇敢地顶着恶浪冲向前。从 2 月 4 日罢工开始，到 7 日的四昼夜里，他率领江岸铁路工人，与帝国主义势力和军阀的走狗进行了殊死搏斗。

2 月 7 日，在罢工进入生死大搏斗的关键时刻，陈桂贞问丈夫林祥谦："听说路局要下毒手，真的吗？"林祥谦回答："咱工人结团体，立工会，争自由，争人权，是光明正大的事。但敌人是不甘心的，是会下毒手的，咱要有准备。"他义无反顾地与亲人诀别，奔向斗争最前线。如果没有全心全意为工人阶级谋解放的献身精神，怎能如此坚定不移，视死如归！

1923 年 2 月 7 日，这是中国现代史上值得我们永远铭记的日子。这一天，反动军阀在江岸枪杀了三十多名工人，并打伤二百多名工人。在江岸惨案发生的同时，军阀又对长辛店、郑州等京汉铁路工人进行残酷大屠杀，造成震惊中外的二七大惨案，把轰轰烈烈的京汉路工人大罢工镇压下去。在这次大惨案中，全路四十多名工人被杀害，数百名受伤，四十余人被捕入狱，一千多人被开除，流亡各地。帝国主义及其走狗封建军阀又对中国人民欠下了一笔不可饶恕的大血债。

这一天，武汉三镇北风呼啸，雪花纷飞，江岸遍地鲜血淌流，阴风惨惨。这一天晚上，林祥谦被捆绑在江岸车站站台上，面对军阀的威胁利诱怒目以对，大义凛然。"我头可断，血可流，工不可复！"林祥谦忍着敌人刀砍的剧痛，巍然站立在飘洒着雪花的站台上，发出让反动军阀心惊胆战的誓言。这声音冲破赤黑的夜空，久久回荡着。在林祥谦生命的最后一刻，他拼尽全身力气，冲着敌人咬牙切齿地痛骂道："可怜一个好好的中国，就断送在你们这班军阀手里！"林祥谦英勇地献出了自己宝贵的生命，牺牲时年仅31岁。林祥谦就义之壮烈情景，草木为之含悲，风云因而色变。如果没有全心全意为工人阶级谋解放的献身精神，他怎能如此大义凛然，如此慷慨激昂！

中国劳动组合书记部在《"二七"大屠杀的经过》一文中指出："如是至死不屈，从容就义，纲纪谨严，非真为劳动者利益而奋斗者，怎能如此！"

林祥谦之所以有可歌可泣的献身精神，是因为他已经把自己的命运和中国工人阶级的历史使命完全联系在一起。

林祥谦的献身精神，对于中国工人阶级进一步认识自己的历史使命，曾经产生了很大的影响。历史总是不断前进的。崭新的历史使命，更需要发扬林祥谦这样的先驱者所具有的献身精神。在建设有中国特色的社会主义社会的过程中，迫切需要涌现出千千万万有献身精神的人。这样，我们的事业才有希望。正因为如此，林祥谦的历史使命感与献身精神，永远值得人们铭记。

今天，中国人民已取得中国革命和社会主义建设的历史性胜利，正在满怀信心地向着社会主义现代化建设的宏伟目标奋勇迈进。榜样的力量无穷尽。我们在新的征程中，宣传中国工人阶级优秀代表林祥谦的英雄事迹是很有意义的，从中可以吸取营养，引发思考，感悟林祥谦如何自觉地认识到中国工人阶级的历史使命并为之而献身。

# 出身贫寒少年志

(1892—1905)

# → 家境贫寒

★★★★★

（0-6岁）

五虎山雄视，乌龙江奔流。位于福建省福州市以南15公里处的闽侯县尚干镇，是山清水秀、地灵人杰的地方。1892年10月19日（农历八月二十九日），林祥谦在这里一户贫苦的农民家庭诞生。林祥谦乳名德德，父亲以家族辈分给他取名元德。

尚干镇坐落在滔滔的乌龙江畔，面对着奔腾不息的闽江水，北倚着巍峨雄壮的五虎山。江的南面，一马平川，蜿蜒交错的河湾似蛛网布满村落，滚滚东去的江水如银链系在村镇前，苍翠挺拔的榕树林像大伞遮罩水乡。这里盛产稻谷、番薯、蔬菜、水果和鱼虾。可是，在那黑暗的封建社会，尚干贫苦农民却挣扎在苦难的深渊。地主乡绅们通过他们控制的政权、族权和神权，对广大农民进行残酷的政治压迫和经济剥削。全乡绝大部分好的稻田都被少数地主老财霸占着，农民租种地主的土地每年要把百分之七八十的收获量拿去交租税。有的大地主每年收租达两千多担谷子，广大农民的血和汗，就像乌龙江水一样，源源不断地流进了地主老财家的谷仓。农民们终年劳动，不得温饱，沉重的租税，把他们逼得家破人亡，走投无路。许多人只好离乡背井，流落外地，打短工，做杂活，拉人力车，过着饥寒交迫、贫病交加的悲惨生活。

林祥谦家祖辈农耕。他的祖父林发舒，辛劳了一辈子，才给子孙留下了一间木构平房和五分四厘的田地。父亲林其庄，字瑞和，是位淳朴厚道、老实持重的庄稼汉，他身躯硕壮，体力过人，种田、砍柴、捕鱼等农活样样都干，一年四季 365 天辛勤地在田地里劳作。但是名目繁多的苛捐杂税和地租盘剥，却把他压得喘不过气来，连半饥半饱的生活也维持不下去了，只好到位于马尾的福建船政局去当锅炉工，每天挣得两角钱来养家糊口。母亲翁氏，是个勤劳能干的农村妇女，由于丈夫外出做工，自己就得操持一家人的生活，她每天起早摸黑，夜以继日地劳动。除了耕种那枕峰山麓的五分四厘田地外，还要替人家纺纱织土布。可是那时"闽产之土布"亦因洋布倾销而日益衰败，大批农民和手工业者陷于破产，她只得再去帮人家缝补和洗涤衣裳，补贴一家人的生活。后来林祥谦的妹妹和两个弟弟又相继

△ 林祥谦故居

出生，家庭的生活负担就更加沉重了。

由于家境十分贫困，林祥谦从 6 岁起就开始跟随母亲下地劳动，学做农活，这样，使他从小养成爱好劳动的习惯和热爱劳动人民的思想感情。在劳动的实践中，他逐步学会了各种农活，从翻地、除草、下种、施肥到收割，都干得有模有样。乡亲们经常看见，夏天他顶着烈日，光着脊背，在自家水稻田里忙碌着，在小河沟里捕捉鱼虾；冬天，他冒着寒风，赤着脚板，奔忙在乌龙江畔、枕峰山麓。在家里，林祥谦又主动地帮助妈妈劈柴洗菜，淘米做饭，照顾弟妹，因而，深得父母的喜爱和亲友、邻居称赞。

林祥谦从小就向往读书识字。然而，家里没有钱送他进学堂。他只好时常站立在村里的广育学堂门外，聆听塾师的讲授，默默地跟着诵读。他记忆力强，因此也能背诵一些文章。看到林祥谦这样聪明好学，妈妈打心眼里高兴，就和林祥谦的爸爸商量说："德德很爱读书，要让孩子认一些字，懂一点儿道理，也许将来长大了会更有出息。"他爸爸也感到一家祖祖辈辈都是斗大的字也认不得的庄稼人，家里再穷也得让孩子读点书。就这样一家人省吃俭用，凑了十几斤谷子缴学费，把林祥谦送到村中的学堂里去读书。

　　林祥谦兴高采烈地走进学堂。他非常珍惜这难得的机会，用心学习，进步很快。放学后，他抓紧一切空隙时间刻苦学习，碰到问题，他总是认真思考，直到想通为止。读了一年多学堂，林祥谦认得了不少常用字。可家里的日子一天比一天坏，母亲只好忍痛让他辍学务农。

# → 童心仇火

★★★★★

（7-11岁）

　　林祥谦的家庭是尚干镇林氏世系中一支赤贫的弱房。每当逢年过节或乡里宗族祠堂规定的各种祭神拜佛的封建迷信活动，林祥谦一家常因捐不起钱典，送不足财礼而被族长欺压凌辱。当地民俗，每年阴历正月十二日至月底，林姓每个家庭都要为祖宗"盼夜"。有一年的正月十四日晚上，轮到林祥谦家"盼夜"，按规定要摆香炉，点蜡烛，请戏班子来唱戏。林祥谦家穷，请不起好的戏班子，宗族的头面人物就辱骂他们给祖宗家丢脸，并且砸了戏台。童年的林祥谦对这些封建迷信活动和宗族压迫，表现出极大的愤懑与不平。母亲也经常向他倾诉地主老财残酷压榨农民的往事。这些都在他幼小的心灵里，埋下了仇恨封建地主阶级的种子，使他的童心不断地燃起怒火。

地处东南沿海的福州，是鸦片战争后最早被迫辟为通商口岸的城市之一。尚干镇邻近福州，是福州通往闽南的门户。因此，列强对福州及其沿海地区的蹂躏，林祥谦

▽ 1884年中法战争爆发（油画）

家乡的人都深有感触。每天夜晚，刚刚懂事的林祥谦总喜欢跑到村边的大榕树下，倾听大人们讲述家乡人民中涌现的反侵略斗争英雄。其中对林祥谦影响最深的是在中法马江战役中，家乡人民抗法斗争的英勇事迹。中法战争（1883–1885）期间，法国不顾已经签署的《中法简明条约》，派出其东亚舰队来华，驶入闽江口。驻福州的会办福建海疆钦差大臣、闽浙总督、福建巡抚、船政大臣、福州将军等主持闽省防务的清政府高官不敢阻止法国军舰进入闽江，致使法国侵略者的阴谋得逞。法国舰队在马江一带完成部署后，即于1884年8月23日午后向驻守在马江的中国军舰发动突然袭击。在力量对比极为悬殊的情况下，清军广大官兵恪尽职守，进行了英勇悲壮的抵抗。经30分钟战斗，清军的主要作战军舰全部沉没，另损失舰船数十只，将士共八百余人壮烈为国捐躯。随后，法国东亚舰队司令孤拔率领驶入罗星塔上游的轻型舰只，以140毫米以下口径的轻型舰炮轰击了福建船政局。法国侵略者的暴行激发了勤劳勇敢的尚干人民的反抗怒火。尚干距马江30里路程，马江战役开战前的8月11日，武举林培基率领尚干乡群众联名给闽浙总督何璟上"万民折"，献计请战，要求"自备干粮武器”到马尾杀敌。遭到压制后，林培基不顾官府阻挠，带领三百多名能泅水、勇敢刚强的农民壮士，赶往马尾参战。《申报》光绪十年六月二十六日曾有如下报道：“初一日，有福州尚干乡林姓欲以两千人击法船……”8月23日晚上，尚干乡民林狮狮带领十多位同乡农民，趁午夜悄悄泅到马尾港口，见到一艘盐船上的巡哨已弃船逃走，还留下一些武器弹药。林狮狮等勇士就登上盐船，趁急流直奔到法国军舰旁边，对准敌旗舰开炮，敌舱被毁，舱板压伤了孤拔的左臂。敌舰仓皇还击，盐船不幸中弹沉没，林狮狮等壮烈牺牲了。每当林祥谦听到这些悲壮的故事，他那双浓眉下面，一对深邃的眼睛总是闪耀着崇敬的目光。乡亲们在马江战役中表现出来的同仇敌忾、不怕牺牲、敢于斗争的精神，在林祥谦脑海里留下不可磨灭的印象，产生了深刻的影响。

# → 见义勇为

（12岁）

　　林祥谦小时候就是一个乐于助人、见义勇为的好孩子。

　　乌龙江支流陶江贯穿尚干乡，每年端午节乡民有赛龙舟习俗。1904年端午节，尚干乡民和往年一样捐钱修饰龙舟，迎接一年一度的龙舟竞赛。乌龙江流域的乡村少年们热衷端午节赛龙舟。林祥谦也和其他孩子一样，高兴地对妈妈说："端午节快到了，龙舟竞赛又要开始了。"可是，妈妈的心绪却和孩子不一样，她叹息道："咱家里没有糯米裹粽子了，赛龙舟又要捐钱派款，哪有心情去看龙舟比赛啊！"林祥谦理解妈妈的苦衷，但他毕竟还是小孩，看龙舟竞赛的冲动情不自禁。

农历五月初五这一天是尚干乡民赛龙舟最热火的日子。清晨，一阵小雨过后，天气逐渐转晴。还没到晌午，乌龙江两岸很快就挤满看热闹的人群，许多人都带上粽子、桃子。小孩子们光着脚，追逐嬉戏。林祥谦穿过人流，努力挤向岸边河沿，急切地等待各村龙舟竞渡的精彩情景。宽阔的乌龙江江面百舸争流的场景出现了。只见各村被装点成五彩缤纷的龙舟在一片震耳欲聋的锣鼓声、鞭炮声中纷纷驶向江中心，并列排开，等待号令。乌龙江水域乡村龙舟长三丈余，船上人员中敲锣、打鼓各一人，划桨三十六或三十八人。龙舟上的龙头精工雕刻，凸现各村落风格与信仰。坐龙头者或是各村各宗族有势力者或是有钱财者，其身旁存放鞭炮箱，燃放鞭炮的多少则显示财势之雄厚。竞赛号令终于响了，一条条龙舟就像一支支离弦的箭一样，飞速向前，在乌龙江中激起阵阵浪花。岸上观看的大人、小孩的鼓噪声和江面上的锣鼓声、鞭炮声混杂，汇成一曲令人陶醉的交响乐。人们暂时把生活中的苦楚掩饰了。各族群的人们都拼命地呼喊，期待自己村的龙舟凯旋而归。林祥谦更是欢呼雀跃，他心里盼着自己村子的龙舟能得胜，这样家里就可以少摊派些龙舟竞赛款了。

正当岸上的人群兴高采烈地为龙舟比赛喝彩加油时，突然在人群中发出了一阵急促的"救人啊！""救人啊！"的呼喊声。站在岸边的一个小女孩被欢腾的人群挤掉进江中，龙舟竞相前进，波浪滚滚，人们发现小生命危在旦夕。12岁的林祥谦见状，毫不迟疑地跃入水中，勇猛地向正在拼命挣扎的小女孩游去。岸边惊恐不安的人们都被林祥谦的勇敢行为感动了，他们顷刻间全把目光转向在江中奋力救人的林祥谦。水乡穷苦人家孩子从小就要到江里捕捉小鱼小虾，因此都会游泳。林祥谦更是常在江水里滚打，练就了一身好水性。当人们还在担心小女孩安危的时候，林祥谦已从江中把女孩托出水面，推举上闻讯赶到的一条龙舟。小女孩得救了，但岸上大人们却未见林祥谦身影。原来一阵汹涌急浪把他淹没了。岸上、船上焦虑的人们都在为林祥谦的生命安危担忧，大家不约而同地高声呼喊着："德德、德德啊! 你在哪儿?" 忽然，有人惊喜地大声叫道："大伙瞧，德德往岸边游来了,真行!" 果然，林祥谦搏击着江水，奋勇朝着向他靠拢的一条龙舟游去。当乡亲们把他拉上龙舟时，他已经精疲力竭了。他看到被他救上船的小女孩安然无恙时，脸上露出了笑容。这时，各村龙舟正陆续返航,锣鼓声、鞭炮声也稀疏了，乌龙江面渐渐恢复了往常的平静，岸上的人流开始散去。但是,在林祥谦身边却依然聚集着许多乡亲，大伙以敬佩的目光望着这位见义勇为的少年英雄，异口同声地称赞道:"德德真是好样的，既勇敢无畏又机智灵活。"被救女孩的妈妈更是千恩万谢。林祥谦只是以憨厚的微笑，招呼小伙伴一道向自己村快步走去。

# ⊖ 不畏强暴

★★★★★

（12—13 岁）

　　严峻的生活现实练就了林祥谦从小就不畏强暴、敢于斗争的坚强品格。在那黑暗的封建社会，尚干虽然被人们称为山清水秀的鱼米之乡，却天灾人祸接连不断。每逢暴雨季节，洪水暴发，到处一片汪洋。洪水退后，沿江泥沙淤积，年久月深，形成一块块贫瘠的沙洲，遇到久旱无雨，天干地裂。为了争水，土豪劣绅们挑起了无数次流血械斗，又给贫苦农民带来了深重的灾难。

　　林祥谦 12 岁那一年，尚干乡又遇上了少有的大旱灾。入夏以来，一连几十天，滴雨没下。田地里枯黄的禾苗伸长脖子向干涸的土地要水喝，干燥的热风吹得贫苦农民透不过气来。

林祥谦家有一丘稻田在半山坡上，下方紧挨着地主林万山的一块稻田，要引水浇田必须先从下面池塘用水车把水灌到经过地主田边的水沟，然后再引上自家的坡地。眼看禾苗一天天枯黄，一家人望着炎热的骄阳，心如火燎。一天，在邻居大叔的帮助下，妈妈带着林祥谦，把水车抬到池塘，好不容易等到晌午，地主家的雇工们歇工回去的时候，林祥谦母子才冒着烈日开始车水。只见林祥谦光着脊背赤着脚，头戴小斗笠，身上仅穿一条打补丁的短裤，两只小手吊在水车横杠上，吃力地踩着。这时，炎热的太阳像一个刚出炉的大火球悬在上空，一古脑儿地朝林祥谦母子俩照射着。不一会儿，他们已经被晒得大汗淋淋、气喘吁吁了。水车"吱咕吱咕"地响着，好像在向人们控诉这黑暗世道的不平。

母子俩干了一个多钟头，沟渠里的水才够浇他家的稻田，于是祥谦妈妈用干哑的声音说："德德，赶紧把水车抬上坡，好将水载车到咱家的田里去。"母子俩吃力地把水车移装到自家田头，继续车水。眼看着沟里的水哗哗地流进干裂的稻田，滋润着枯黄的禾苗，林祥谦的眼睛里闪烁着喜悦的目光。正在这时，地主林万山带着一群人巡田来了，硬说什么水沟是他们的，不许把水往上引，硬是不让林祥谦母子继续车水。妈妈忍着气，向林万山求情说："我们妇孺人家，禾苗都快干死了，就让我们借沟把水引上去吧！"

林万山不答应，指使帮凶蛮横地要林祥谦母子停止车水。眼看着地主如此横行霸道，林祥谦气得两道小浓眉倒竖起来，圆睁睁的眼珠仿佛要喷出烈火。妈妈深知和这群狼心狗肺的地主老财是无理可讲的，只好愤恨地带着林祥谦回家去。这一天下午，林祥谦憋着满肚子气一声不吭地蹲在自家门外，仰头望天，可是天空连一丝云彩也没有，远望山坡，他恨透那万恶的地主老财林万山霸占水源。

林祥谦一家人在闷热中熬到晚上，不透气的屋里，一群群蚊子在嗡嗡叫，妈妈在昏暗的油灯下用力地摇着纺车。夜深了，林祥谦躺在床上，辗转反侧，怎么也合不上眼。忽然，他"刷"地一下跳下床，冲出门外，借着闪烁的星光，一口气跑到山坡上，用那两只小手，把地主田边的水沟扒了个大口子，让沟里的水流回到池塘去。他愤愤地自语："林万山，你不让我们借水沟车水，我们车的水也不留给你们浇田。"

1905 年，林祥谦已经 13 岁了。这一年夏季，收成不好，一家人只盼着家门前那株祖传的龙眼树上的龙眼（又称桂圆）早点成熟，以便换点钱粮度日。妈妈特意嘱咐林祥谦说："德德，龙眼快熟了，你要注意看守，别让人家给糟蹋了。"林祥谦领会母亲的苦心，他和弟弟妹妹商议，兄妹轮流看守龙眼树。每天无论是从田间还是山上砍柴回来，林祥谦都得去看看龙眼树，望着那一串串沉甸甸的果实，心中充满期待。中午，他不顾炎热搬来一张破旧的小凳子，坐在龙眼树下守望；夜幕降临，他在龙眼树旁走动，伴随他的是一群群嗡嗡叫的蚊子。

林祥谦家那棵龙眼树上的累累果实，引来地主家儿子的贪婪贼眼。有一天，地主林万山家绰号"西瓜蛋"的大崽子和另外两个地主崽子，趁林祥谦家里人都到田间干活的时候，偷偷爬上林祥谦家的龙眼树，肆无忌惮地糟蹋尚未完全成熟的龙眼，边摘边吃边扔。林祥谦回家时，那三个地主崽子还在树上胡乱采摘。林祥谦顿生怒火，冲上前去吼道："你们给我滚下来! 你们赔我龙眼! ""西瓜蛋"等狗仗人势，从树上下地后不但不认错，反而一起扑打林祥谦。林祥谦怒不可遏，就和他们扭打起来。随后，地主崽子扬长而去。

母亲回到家里时，林祥谦的一肚子怒气尚未消去。他向妈妈诉说了龙眼被地主崽子"西瓜蛋"等人糟蹋的事，愤怒地说："难道穷人就该受他们欺辱吗? "并表达了要报仇的想法。妈妈怕孩子闯出大祸来，只好劝慰他说："德德啊，人家有钱有势，惹不得。"

自从家里龙眼被糟蹋后，林祥谦怒不可遏，好几天都在思忖着如何以牙还牙，痛击地主及其狗崽子的欺压，以解心中之恨。一天夜晚，乌云遮天，整个村子被黑色的夜幕笼罩，格外寂静。林祥谦满腔怒火，邀小伙伴林国雄、林强生摸黑到地主林万山宅院门前，用石头猛砸林家屋顶的瓦片和门窗，把林万山一家吓得龟缩在屋子里不敢出来。林祥谦还趁机用木炭在墙上写下了"打倒财主仔"五个大字。

# 工人何时能出头

(1905—1920)

# → 船政徒工

（13—15 岁）

1905 年 9 月，林祥谦离开尚干来到马尾，跟随父亲生活和做工。尚干乡到马乡需走水路，乘坐手摇桨的帆船，沿乌龙江东下，穿过水流湍急的峡兜，就到达了马尾港。马尾地处闽江、乌龙江和马江三江的交汇口，形势险要。著名的罗星塔屹立在罗星山上。

清光绪末年马尾属闽县辖区。根据闽浙总督左宗棠的奏请，清廷于 1866 年 7 月 14 日批准在马尾设立福建船政局，由福州在籍晋绅首领前江西巡抚沈葆祯担任船政大臣。法国海军军官日意格为船政监督。福建船政于1866年12月23日破土动工，雇有中国员工两三千人，聘请外籍人员五六十名。1874年8月11日完成第一期造船计划，建成车间14座，竣工大小木质蒸汽军舰15艘，系当时远东最大的近代造船企业。所造这些军舰，在1874年"甲戌台湾危机"中，为挫败日本侵略台湾的阴谋，发挥了重要作用。中法战争期间，法国东亚舰队袭击了停泊在马江的中国军舰，并炮击了福建船政的厂房设施，使这个在法籍监督参与下利用法国技术兴建的企业受到破坏。中法战争后，又造出两艘铁胁木壳巡洋舰及三艘钢质鱼雷舰，并于1889年造竣钢甲海防舰"龙威"，送交北洋水师后改名"平远"。"平远"舰在甲午战争中的表现毫不逊色于北洋水师的英、德所造诸穹甲快船。甲午战争后，福建船政局处于衰败的状态。法籍监督杜业尔设法承揽民用船只的建造，又遭总理衙门反对。福建船政局终于1907年宣布停办。后任闽浙总督松焘将福建船政局复工，亦不过维持残局而已。船政技术人员和工人分散到全国各地的近代企业中，充当那里企业的技术骨干。民国建元后，北洋政府将该企业改称福州船政局，月拨三万元维持生产。该企业制造了我国第一架水上飞机，并成立飞潜学校。国民政府时期，该企业改称海军马尾造船所。中华人民共和国成立后，人民政府接收了该企业，改名为马尾造船厂。福建船政局是中国近代工业的嚆矢，培养近代科技队伍的基地，近代海军的摇篮，在中国海军史、工业史上都有相当重要的地位。

福建船政局也产生了像林祥谦父亲林其庄这样的中国最早的一批近代产业工人。

林祥谦见到父亲后，向父亲诉说了地主崽偷摘龙眼还行凶打人的事情，声言还要回去跟地主崽拼个你死我活。林其庄对儿子的态度既喜又忧，他喜欢儿子的那股

△ 马尾造船厂

倔强劲儿，但他毕竟饱经世态风霜，深知这世道哪有穷人讲理的地方，跟这班凶恶的豺狼斗准要吃亏，因此他担心孩子回去后一定会惹出祸端来。他意识到不能让孩子在家乡继续住下去了，宁肯自己挨饿也要把孩子拉扯在身边。林祥谦就这样跟随父亲在马尾生活了。开始父亲打算送他进厂当学徒，但因年纪太小，个子瘦弱，厂方不肯接收。父亲没办法，只好省吃俭用，让林祥谦到附近学堂去读点儿书。

1906 年，林祥谦一家生活更难维持了，他再次被迫停学。父亲变卖家当，四处借款，筹集了 100 元的保证金，又托人找了两家"铺保"，具写"甘结"，忍痛把年仅 14 岁的林祥谦送进船政局当钳工学徒。

林祥谦进厂后，在轮机厂当钳工学徒，当时他的身材比钳床工作台高不了多少，只好站在废料箱上操作，工厂的劳动条件很差，根本没有劳动保护的设备和措施。寒冬腊月，林祥谦和许多工人都还穿着单衣、光着脚板在干活。

船政局的官僚和洋监工，为了榨取工人的血汗，规定工人每天的劳动时间长达 12 小时。除中午吃饭时间外，没有工头发给的牌子，工人是不准出车间的，甚至连大小便都没有自由。年轻的林祥谦同其他工人一样，从早晨5点多披着满天星斗进厂，一直劳动到下午6时天黑才下班。

船政局建有东、西考工所，林祥谦和两千多名工人都集中在这里住宿。这是一排矮小的泥墙屋，位于全厂最潮湿、最肮脏的低洼区。每间狭小的房子里安放20位通铺。工人们挤着睡，连翻身都很困难。当时一个参观过考工所的外国人评论说：它"是最悲惨的寓所"。而在考工所不远的地方，却是一幢幢供洋人享受的漂亮洋楼，以及供船政局官僚买办住的"官厅"。

船政局具有浓厚的封建性和买办性。工厂里的监督、监工、领班一类，有许多都是洋人，船政局的清朝官员往往看洋人的眼色行事，任凭洋人胡作非为，甚至任由洋人无故殴打、杀害中国工人。工人们根本没有人身自由和生命保障，他们在封建官僚和洋人的棍棒下，过着牛马般的生活。有一次，厂里一个洋员到福州去，回来时发现挂在房里的一件衣服不见了，怀疑是听差偷走，船政当局不作任何调查，立即命令营兵军官朱得桂，把那个听差斩首缴命。事后这个洋员回到房里，打开衣橱一看，那件衣服就在里面。洋员的衣服未丢失，但一个中国役工却因此冤死。

为了防止工人反抗，清政府在厂里驻扎军队，船厂的杂工差役也被编入"健丁营"，每十人设一什长一人"束之"，"每五什长以队长一人束之"，特派"武弁"统一实行军事管理。驻厂的营兵像对待囚犯一样地监视着工人，随便打骂和关押工人。工人们稍有反抗，即遭弹压。

船政局又是个大衙门，豢养着大批官僚买办，他们骑在工人头上作威作福，并巧立名目对工人进行敲诈勒索。当时曾流传这样一首歌谣："吴号抽筋周剥皮，夏名刮骨更稀奇，三人声势常相倚，聚敛鸿名遍天涯。"这就是工人们对船政局官僚吴太廷、周开锡、夏献纶三人压迫剥削工人罪恶的深刻揭露。

在厂门口，由营兵和员绅组成的检查队，逐个搜检出厂工人。每个车间则设一两个员绅严密监视工人。据《申报》1882年5月18日报道：每遇端午、中秋、岁末，"总监工须会合陆营在坞口搜查各工匠身畔有无夹带物件"；平时"在厂两次出入门口皆列检查队，按名搜检，东西考工处住宿，亦派委员严搜怀挟"。他们任意打骂工人，甚至对工人进行酷刑。船厂创办初期，艺徒刘平三就是被加上"偷窃"木材和零件的罪名而处死的，林祥谦自己也尝过棍棒的滋味。一天，他和另外一个徒工，一起抬了十几块钢板，累得上气接不了下气，刚刚坐下来想休息一会儿。恰巧被工头看见，便不由分说地被劈头盖脑地抽打一顿。

林祥谦在轮机厂，钳工技术学得很不错，早已达到技工水平，应该出师转正了，可是由于他为人正直刚强，凡事主持公道，大公无私能替工人讲话，敢于斗争，也没钱给工头送礼，所以工头一直把他看做眼中钉，始终不让他提升为正式工。林祥谦非常气愤，几次要找工头质问，工人们也都替他愤愤不平。但是，哪有工人讲理的地方。林祥谦不仅转不了正，还经常处在失业的威胁之下。林祥谦进船政局前后几年间，物价飞涨，货币贬值，更加深了工人的痛苦。据闽海关的报告称："调查过的人"，对1902年至1911年的十年间福州地区物价的增长率"几乎一致估计为百分之五十至百分之六十；少数人认为甚至高达百分之八十,也并非过高的估计"。其实,如虾酱、咸鱼等福州一般家庭三餐都必需的物品涨价竟高达一倍以上。工人们因物价上涨而生活愈加艰辛。林祥谦一家的生活和广大工人一样日益恶化,几濒绝境。

林祥谦到船政局做工之前船政局工人因不堪压迫而起来反抗的事就时有发生。1882 年,营兵军官朱得桂深夜抽完鸦片,叫听差林永成倒茶,林永成熟睡未起,朱得桂便一把将林永成拉下床来,并猛踢其腹部,把林永成当场活活踢死。死者父母向闽县和福州府控告,县府得知朱得桂既是福州将军的表弟,又是船政大臣的得力打手,于是便串通起来,诬指林永成是上吊自杀的。林永成的父母不服,当船厂下班时,背着黄状,跪在厂门口,向工人们哭诉,请求伸冤。这件事激起工人们的极大愤怒,全厂两三千工人聚集在船政"官厅"前,高呼"为林永成报仇"、"不斩朱得桂,绝不上工"，并用石头、木棍捣毁衙门，砸洋人、清官吏的住房。工人们冲进船政衙门，要求当众验尸，杀人抵命，终于迫使船政大臣接受工人要求，把朱得桂就地斩决，以息众怒。

林祥谦还常听老工人讲述1884年马江海战中船厂毁于法国侵略者炮火的悲壮情景，知道了船政局那些官僚腐败无能的斑驳劣迹。所以，林祥谦非常痛恨船政局那些对工人凶狠对洋人点头哈腰的官吏，也恨透了外国侵略者，从而更激发了他敢于斗争的性格。他团结工人，同他们一道商量斗争办法。林祥谦在船政当徒期间，经常和工人们一道搞怠工斗争。当工头来监视时，便伪装干活，工头一走就坐下来怠工。

20世纪最初几年，福建船政局每况愈下，很难维持。林祥谦进厂那年，清政府已经在议论将船厂停办，1907年就正式宣布停办。厂方用"节省支销，以维局势"的名义，大量裁减工人，许多工人相继失业，景况万分悲惨。

林祥谦的父亲虽然暂时保住了饭碗，林祥谦却难以继续在船政局待下去了。他在福建船政当了五年徒工后，不得不另谋出路。

# ➔ 远走汉口

★★★★★

（19—21 岁）

　　林祥谦离开福建船政局以前，已经
有一些失业船政工人陆续赴汉口做工。
1911 年底，林祥谦送妹妹到汉口结婚，
这是他第一次背井离乡，远走他乡。时
值反清的革命党人发动武昌起义之后不
久，作为辛亥革命"首义之区"的武汉
三镇，颇有一些新气氛。林祥谦开阔了
眼界，汉口给 19 岁的林祥谦留下很深
的印象。从汉口回来后，陷于失业困境
的林祥谦向父亲提出到汉口找工作的想
法。林其庄考虑到自己随时都可能失业，
工资也常被拖欠，家庭困难日甚一日，

地主豪绅在乡里横行霸道，叫儿子回尚干老家干农活也是不可能了，于是他下了最后决心让林祥谦到汉口闯一闯。

1912年初，林祥谦告别亲人来到了汉口江岸，住在妹夫周连城家。在周连城和几位在江岸当工人的福建老乡的帮助下，林祥谦找到了进江岸铁路工厂当工人的"铺保"，借到了一笔钱买了送给工头的礼物，参加了招工考试。当时江岸铁路工厂的"烤工"极为苛严，一个小工要能肩扛或手提得起一二百斤重的东西，不少人因

△ 当时林祥谦做工的江岸铁路机厂旧址

此被压伤腰背又不能被录用。林祥谦考的是技术工种，而且他在马尾造船厂早已掌握了熟练的钳工技术。事前已收了礼的工头挑不出什么毛病，录用了林祥谦。从此，林祥谦成了京汉铁路工人的一员，先后在江岸工务修理厂和江岸机厂当镶配匠，还曾一度在河南郾城当过短期的验车工。

1913 年，林祥谦父亲也被福州船政局解雇了。为了寻找生活出路，林其庄写信告诉林祥谦说，准备和二儿子林元成到江岸谋生。林祥谦接到父亲的信后，回到了尚干老家。这次在家期间，经陈桂贞的姑母介绍，林祥谦和附近的大义乡贫农女儿陈桂贞结了婚。婚后，林祥谦带着父亲、妻子和二弟元成一起来到江岸。

在老乡和亲友的帮助下，经过几番周折，林其庄进了江岸机厂当锅炉工，林元成进不了江岸铁路工厂，只好到河南信阳火车站当升火工。他们在福建籍工人及其家属聚居的江岸福建街租了一间茅草房住下。这是一排土筑的墙、茅草铺盖的屋顶，房子低矮破旧，屋内阴暗潮湿，还不如林祥谦老家地主的牛棚。夏天，异常闷热，加上苍蝇蚊子成群结队，常常折腾得林祥谦一家人下半夜还无法入睡；冬天，天寒地冻，加上跳蚤虱子到处横行，也使人不得安宁。

汉口地处京汉铁路的最南端。这条铁路是清政府通过举借外债，聘请洋工程师，用中国人民的血和汗铺成的，全长一千二百多公里，是连贯我国河北、河南和湖北三省的大动脉。整条铁路以长辛店、郑州和江岸划为北段、中段和南段，于1906年4月全线建成通车。京汉铁路很快就成为帝国主义、官僚买办和封建军阀的摇钱树，然而广大铁路工人却遭受残酷的压榨，境况十分悲惨。那时，铁路工人控诉说，京汉路犹如伸入两万多京汉铁路工人的吸血管。

铁路工人工资极为微薄，林祥谦父子三人劳动一天，收入仅一块多钱，难以维持一家四口的生活。幸亏陈桂贞很会操持家务，精打细算巧安排，勤俭节约过日子。即便如此勤劳节省，林祥谦家仍然只能喝稀粥，经常瓜菜当饭，一天两餐，过着半饥半饱的穷苦生活。

林祥谦所在的江岸机厂是法国人于1901年开办的，由法国人任厂长，工人们一踏进工厂大门就如同进了监牢的囚犯，完全丧失了人身自由，厂房没有降温和御寒设施，劳动环境极为恶劣。工人每天工作十至十二小时，伤病假不发工资，丧失劳动力就被踢出工厂。厂方大小头目，还利用各种名目对工人进行敲诈勒索，强迫工人送礼，不但每年的端午节、中秋节和春节要给他们送礼，连他们的父母生死以及孩子满月、周岁也要送礼，至于工人入厂或提级更要送厚礼。此外，厂方还巧立各种名目扣罚工人的工资，不但迟到要罚，连上工的汽笛声刚停，工人虽然进入厂区，只是姓名牌还来不及挂上也算迟到要罚款；甚至工作时间抽烟、喝水，

▽ 江岸机厂工人劳动情景

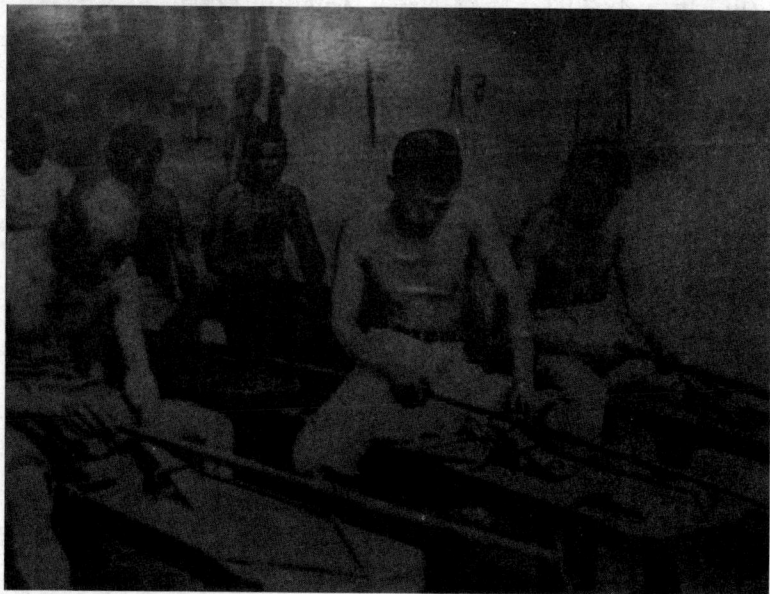

被发现后都得罚款。工人上厕所也由监工严格限制次数和时间，超过了也得罚款。这些项目每罚一次至少三五角，相当于工人全天的工资。工人如果不服，还要成倍加罚。至于打骂工人更是家常便饭。有一次，林祥谦的工友钟承厚被闷热的天气憋得喘不过气来，刚走到较阴凉处透透气，就被法国厂长罚款五角，又挨了一个耳光，还被重重地踢了一脚。江岸机厂厂长邵步云蓄着八字胡，平日见到洋人段长总少不了点头哈腰，满口"是、是、是"，比哈巴狗还驯服，对工人却似凶神恶煞，动辄辱骂加罚款，工人稍有顶撞，就被开除出厂。林祥谦和工人们常在邵步云不在时，痛骂他是"坏透了的臭蛋"。

# → 自发抗争

（22-25 岁）

有着坚强斗争性格的林祥谦，哪能忍受工人们如此悲惨的遭遇，为了反对厂方的虐待，改善工人的劳动条件和提高工资，林祥谦和工人们开展了多次的小规模罢工斗争。"怠工"的斗争方式更是他们经常运用的。趁工头不在场时，工人们就放下手中活，坐着休息或聊天。工头一出现，就很快恢复干活的姿态。狡诈的工头觉察到了工人们"怠工"现象，于是采取措施，加强监视，工人们有时刚开始怠工，就被突然闯来的工头看见，遭到痛斥和罚款。林祥谦曾因此被罚款多次，还挨了多次斥责和辱骂，只是由于他的技术水平高才没有被开除。

针对工人们的消极怠工，厂方和工头的监管日益强化。尽管如此，由于有林祥谦带头，工人们"怠工"斗争仍然坚持开展。林祥谦在工人中的威信也一天天提高了。林祥谦和工人们商量了斗争的新策略，在"怠工"时轮流观察工头的动静，预作准备，一旦发现工头到来，就恢复工作，从而保证了"怠工"斗争的顺利进行。这样，工头虽然发现工人的工效越来越低，待加工修配的零部件越积越多，但抓不到把柄，也无可奈何。

"怠工"斗争的实践使林祥谦认识到：只要工人们团结起来，人多心齐，事情就好办，资本家和工头就不敢那么放肆地欺压工人。于是他开始广交朋友，团结工人。最初，他主要接近的是福建籍工人，熟悉的方言和共同的遭遇，使林祥谦和来自家乡的工友们很快地聚集在一起，结成"福建帮"。他处处关心这些工人的疾苦，哪个工人家里有人生病，他就去帮忙请医拿药；哪家工人炉灶损坏，屋顶漏雨，他就帮助整修，加盖茅草；哪家断了炊，他就想法借钱送米，发动工人互助，这样，许多工人都把林祥谦当亲兄弟看待，有话找他说，有事找他商量。

林祥谦在江岸工务修理厂和江岸机厂做工几年来，一直坚持抗争，力图改变工人处境，但是"怠工"的斗争方式和"帮口"的组织形式，始终没有也完全不可能根本改变工人的政治和经济地位。五个寒冬过去了，林祥谦和工人们却仍然生活在比寒冬还要严酷的深渊里，找不到通向光明和解放的道路，工人们悲愤地诉说：

成年累月做牛马，

吃喝如猪穿如柳。

军阀刀鞭沾满血，

工人何时能出头？

个别工人失望地消沉了，乃至悲观厌世，活一天算一天，刚发工资就把不多的钱花在工头开设的赌场上，或者借酒消愁，或者用鸦片烟麻醉自己。有的工人在厂里受尽总管、工头的臭骂，回到家里就长吁短叹，发起脾气来就打骂老婆、孩子。

林祥谦在困境中坚强地过着贫苦的生

活,不吸烟、不喝酒、不赌博,他沉思现状,时常对人疾呼:"难道咱们工人就该永远受苦受欺负吗?"

1917年秋,远在家乡的母亲因劳累过度,贫病交迫,年仅40多岁就含愤离开了人间。林祥谦忍着巨大的悲痛,回家乡料理母亲的丧事。林祥谦返回江岸后,失去慈母的重大打击并没有使他消沉下去,他依然在黑暗里苦斗,在苦思焦虑地探索着争取工人自由解放的新途径。

# 领悟真谛力践行

## (1921—1922)

# → 红星照耀

（29岁）

　　1917年10月，俄国工人阶级在列宁领导的布尔什维克党的正确领导下，取得了社会主义革命的伟大胜利。十月革命一声炮响，给中国送来了马克思主义，给中国工人阶级带来了新曙光。具有划时代意义的五四运动促进了马克思主义在中国广泛传播，并和中国工人运动相结合。1920年，中国具有初步共产主义思想的知识分子，先后在上海、北京、长沙、武汉、济南、广州以及巴黎、东京等地，成立了党的早期组织，并且办了许多通俗刊物，在工人群众中积极宣传马克思列宁主义，领导工人开展各种斗争。当年 10 月，董必武、陈潭秋同志在武汉成立了党的早期组织，并成立了群众性的进步团体——"利群书社"，1921 年 5 月，在邓中夏等同志的领导下，京汉铁路北段的长辛店，一千多名铁路工人举行了"五一劳动节"纪念大会，成立了长辛店工人俱乐部。7 月，中国工人阶级的先锋队组织——中国共产党光荣诞生。中国共产党的成立，给灾难深重的中国人民带来了光明和希望。它像光芒四射的灯塔，指明了中国工人阶级和广大人民的斗争道路。

党的"一大"后，党首先以主要力量领导工人运动，1921 年 8 月在上海成立中国劳动组合书记部，作为党公开领导工人运动的机关，创办了指导工人运动的刊物《劳动周报》。武汉是当时中国近代产业工人最集中的城市之一，党非常重视这里的工人运动。中共武汉区委和中国劳动组合书记部武汉负责人陈潭秋等深入工人群众中去，进行了大量的宣传教育工作，通俗地讲解马克思主义的基本原理，启发工人的觉悟。林祥谦听到俄国十月革命胜利、中国共产党诞生以及长辛店工人俱乐部成立等一连串喜讯，为中国工人阶级也有了自己的阶级组织而高兴，盼望着江岸工人也能像长辛店工人那样成立自己的组织，以便领导工人向官僚军阀及其走狗们发动进攻。中共武汉地区组织很快地发现并及时地培养了富有反抗精神、在江岸铁路工人中有威信的林祥谦。

1921年12月下旬的一个星期天早晨，林祥谦和江岸机厂铣床工曾玉良等六个工人，来到武昌黄土坡16号。这是中共武汉区秘密机关所在地，区委负责人陈潭秋热情地接待了他们，关切地询问江岸铁路工人的境况，并扼要地向他们介绍了中国劳动组合书记部的任务和方针，以及长辛店工人组织俱乐部开展斗争的情况。林祥谦、曾玉良等工人则诉说了江岸铁路工人的苦难生活和谋求解放的热切愿望，并汇报了各个帮口之间的隔阂与矛盾，以及他对工人团结战斗的不利影响。

陈潭秋和黄负生深入浅出地向林祥谦一行讲述了《共产党宣言》的基本观点和"全世界无产者，联合起来"的战斗口号，殷切地希望林祥谦、曾玉良等同志带头克服帮口观念，把工人团结起来，着手成立江岸工人俱乐部。林祥谦全神贯注地听陈潭秋讲话，深受教育和启发。他和曾玉良等工人激动地表示：一定要尽快地把江岸工人俱乐部办起来，作为团结工人，向敌人作斗争的指挥部。会见后，陈潭秋送给林祥谦《共产党

△ 陈潭秋

宣言》等马列主义书刊。这次会见和谈话，既是林祥谦直接得到党的教育的开始，又是他思想发生飞跃的转折。从这以后，林祥谦找到了领路人，走上了党所指引的革命道路。这次会见后，林祥谦与中共武汉区委和劳动组合书记部武汉分部负责人的接触日益频繁。

林祥谦利用工余时间如饥似渴地阅读着《共产党宣言》和《工人周刊》等马列主义书籍，介绍马克思主义、宣传工人解放斗争道理的通俗报刊。他越读越感到亲切，越读越爱不释手。他联系实际进行思考，不仅想自己和工人们的苦难遭遇，还联想国家和中华民族的深重灾难。林祥谦亲眼看到，长江上横冲直撞的帝国主义军舰，汉口英租界以及在武汉外国列强开办了几十家工厂。林祥谦还听到消息说，1920年华北五省大旱，50万民众饿死，许多灾民以草根树皮充饥，甚至出现煮吃亲生儿女的惨剧。军阀混战、百姓遭殃的消息更是频见报纸。1921年6月，军阀匪兵纵火抢劫武昌，熊熊的烈火燃烧了一天多，长街一带毁为焦土瓦砾，无家可归的灾民哭声震天。8月，在湘鄂战争中，军阀吴佩孚密令挖堤放水，造成数千名无辜百姓死亡。吴佩孚、肖耀南在军阀混战的刀光剑影中，于1921年8月就任两湖巡阅使和湖北督军，控制京汉铁路南段及湘鄂豫三省地盘。吴佩孚刚上任，就迫不及待地下令扣留京汉铁路汉口至郑州段的营业收入，充作军费，京汉铁路工人面临更加残酷的压迫和掠夺。我们可爱的祖国，正如毛泽东在《民众的大联合》一文中所说:"国家坏到了极处,人类苦到了极处,社会黑暗到了极处。"

## → 消除"帮口"

★★★★★

（29岁）

领悟真谛,努力践行。林祥谦接受了马克思主义,提高了阶级觉悟,逐步锻炼成为有共产主义理想的工人阶级先锋战士。这时候,他真正认识到自己的阶级利益和历史使命,并为之去奋斗。为了挽救国家的危亡,为了工人阶级和人民大众的翻身解放,林祥谦以前所未有的坚定信念和战斗姿态,投身于中国共产党所领导的工人运动之中。

江岸铁路工厂的工人,来自各省的

破产农民和小手工业者以及各地的失业工人，他们结成了各个带有浓厚封建色彩和狭隘地方观念的"帮口"，如湖北帮、福建帮、三江（江苏、浙江、江西）帮等。这些帮口之间，存在着不少隔阂和矛盾，特别厂方为了便于控制，采取分而治之的卑鄙手段，极力从中挑拨离间、制造事端，更加深了这种矛盾和隔阂。其中以湖北帮和福建帮人数较多，力量较大，矛盾也较深。湖北帮多数是粗工，工资更低，生活更苦，福建帮技工和师傅较多。有一次，这两个帮口的一些工人，为了一件小事还打过架，这就更加深了彼此间的互不信任，有些湖北籍工人骂福建工人为"福建佬"，宣称"过桥不过烂木桥，交友不交'福建佬'"。福建工人则轻蔑地回骂"湖北仔"。工人内部的团结因此受到损害，反抗共同敌人的力量遭到削弱。

林祥谦一方面为结交许多福建籍工人而高兴，另一方面又为这种帮口之间的隔阂和矛盾所苦恼。在与陈潭秋等共产党人交往之前，他也曾受过狭隘的家乡观念所影响，在帮口的矛盾中免不了要倾向福建帮。但他又知道厂里技术工人以福建籍居多，湖北籍工人多数是小工、粗工，生活更苦，所以又深深地同情他们，他并不热衷于"帮口"之间的争斗，曾多次希望调解帮口之间的关系，但因缺乏先进的思想武器和有效的解决办法而未能如愿。

在陈潭秋、林育南等人启发教育和马列主义的理论武装下，林祥谦的阶级觉悟有了很大的提高。他深深地懂得要战胜强大的敌人，求得工人的翻身解放，首先必须消除各封建帮口工人之间的隔阂和矛盾，加强工人之间的团结。这就要揭露帝国主义、封建军阀和官僚买办阶级为了控制铁路交通阴谋，挑拨离间、分裂工人的鬼伎俩，批判封建意识和地方观念的流毒和影响，才能使工人们团结起来。

军阀利用铁路工人的同事同乡关系，以小恩小惠拉拢诱骗工人，破坏工人之间的团结，他们先后在京汉铁路的长辛店举办"职工学校"，在郑州成立"升火、司机传习所"，在粤汉铁路的徐家棚总站组织"天津同乡会"，妄图以此抵制中国共产党领导的工人运动在京汉铁路各站的开展。

在党组织的指导下，林祥谦采用各种

方式，大力宣传"天下工人是一家"，"全世界无产者，联合进来"的革命真理，揭穿阶级敌人通过小恩小惠和封建帮口分裂工人阶级队伍的罪恶目的。林祥谦经常以家乡事例说明福建籍工人克服"帮口"观念。他对乡亲们说，咱们老家林姓宗族有上千户，然而姓林的并不都是一家人，林姓地主、强房不但不把林姓贫穷农民、弱房看成一家人，反而处处加以欺压凌辱。林祥谦以许多活生生的事实逐渐打消了存在于工友脑海里陈腐的"帮口"观念，开始认识到，在阶级社会里，地主和农民、厂主和工人、军阀和百姓、压迫者和被压迫者、剥削者和被剥削者之间是泾渭分明、水火不相容的，只有工人才是一家人。

同时，林祥谦广泛地接触工人，深入了解他们的疾苦和要求，帮助他们解决各种困难。他除了继续联系过去较熟悉的福建籍工人外，还特别注意团结湖北籍工人，他以自己的实际行动，努力消除各个不同"帮口"的工人之间存在的矛盾和隔阂。

林祥谦生活俭朴，他既不抽烟也不喝酒，一年到头穿的是一双布鞋，结婚时添置的一条棉裤一直穿着，已是补丁层层，但是他对工人兄弟的困难却表现了高度的阶级友爱精神。有一年5月，林祥谦的长女汉玉正发烧生病在家，没钱治疗。但是当他得知一位湖北籍工人的孩子突然患了"狡肠痧"，病得很厉害，由于没钱交医药费，医院不给治疗，眼看孩子气息奄奄，危在旦夕，做父亲的急得团团转。林祥谦看到这情况后，二话没说匆忙跑回家，抱着一床棉被就往当铺里跑，当了三元钱，立即送到这位工人家里。那位湖北籍工人看到林祥谦给孩子送来救命钱，激动得不知说什么好，但"帮口"的隔阂又使他疑虑和不安，不敢贸然收下这些钱，林祥谦深情地把钱塞在他手里，和蔼地说："还分什么福建人、湖北人，天下工人是一家呀！"他就是这样，关心工友的孩子，把工友家孩子的生命看得比自己的孩子还重要。后来，这位工人用林祥谦送来的钱很快地把孩子的病治好了，林祥谦忘我助人的事迹也迅速在工人中传开了。

还有一次，林祥谦到了另一位湖北籍

工人家里，发现这位工人已经几顿饭揭不开锅，小孩饿得直哭，他便悄悄地转回家里询问是否还有米，妻子告诉他还有一些，她深知林祥谦准是又在为哪家工人缺吃少穿担忧，便愉快地帮丈夫往布袋里装那些米，恰好被父亲撞见。林其庄正为家里过几天就将没米下锅发愁。忽然发现林祥谦夫妇准备把家里仅有的那点儿米往外拿，就皱着眉头，不解地问林祥谦："现在家里连三餐稀饭都喝不上了，你还把米往外拿去做什么？"林祥谦把刚才在那位工人家里看到的情形告诉了父亲，然后接着说："爹啊！穷人有难要相帮，我们三餐有粥喝，人家已经几餐没米下锅了。"父亲觉得儿子说得句句在理，就高兴地让他赶紧送米去。林祥谦就是这样处处为工人着想，千方百计地帮助工人解决困难。平时，不管是哪家缺钱少粮，也不管是福建籍、三江籍还是湖北籍，只要他身上还有点钱就解囊相助，要是身上没钱，也常以家中的口粮相送。同时，他也明白，自己一个人的经济能力有限，不能解决更多的困难，所以他还教育工人消除"帮口"隔阂，发动他们彼此间互相关心、互相帮助。在林祥谦的教育帮助和带动下，江岸铁路工人之间的"帮口"隔阂日渐消除，团结日益增强。这样，组织工人俱乐部，进一步团结工人，谋取工人政治、经济地位改善的时机日益成熟了。

## → 建立工会

★★★★★

（30岁）

面对着强大的帝国主义和封建主义势力，中国工人阶级要完成自己的历史使命，需要实现整个阶级的团结。因此，中国共产党开始从事工人运动的时候，就以主要力量在工人队伍中开展宣传和组织工作。在党的领导下，林祥谦在宣传工人阶级团结起来和组织工会的工作中，表现出他为工人阶级和人民群众谋利益的大公无私精神。

林祥谦经过艰苦细致的工作，清除

了封建帮口这个重要障碍，为江岸工人团结起来组织自己的工会创造了有利条件。与此同时，林祥谦在党的领导下，日夜在工友中奔走呼号，积极宣传组织起来、团结战斗的革命道理，他反复告诉工人兄弟："资本家不劳动，住在高楼大厦，整天欺负我们，工人没有结成团体，就要受压迫。我们先成立工人俱乐部，团结起来和他们斗争，打倒资本家，打倒军阀。"许多工人热烈响应说："早就盼着这么一天啦！"

中共武汉区委和中国劳动组合书记部武汉分部派项德隆（即项英）同志以江岸工人俱乐部文书的身份来到江岸，具体协助建立工人俱乐部的筹备工作。陈潭秋、周天元、罗海臣、曾玉良等也多次到林祥谦家秘密商议，共同拟定俱乐部章程，讨论批准俱乐部会员名单。每次他们在林祥谦家开会，林祥谦的妻子陈桂贞总是坐在门口，以缝补衣服等家务事为掩护，替他们放哨。

经过近一个月的紧张工作，江岸工人俱乐部筹备就绪，1922年1月22日在老君殿举行成立大会。当天，老君殿内外，张灯结彩，门口扎上了松柏彩门。上面挂着"京汉铁路江岸工人俱乐部成立大会"的大横幅。会场正中高悬着"劳工神圣"的红漆匾额。两边的对联是："劳动创造世界，机器巧夺天工。"显得格外庄严隆重。这一天，尽管天上飘着细雨，地上残留积雪，可是整个工人区却充满欢乐气氛。清早，林祥谦和近千名工人冒着蒙蒙细雨，欢天喜地地来到会场。老君殿里外挤满前来参加俱乐部成立大会的工人及其家属，熙熙攘攘，热闹异常。中国劳动组合书记部武汉分部派人亲临指导，京汉铁路各站和武汉各工团组织都派代表参加大会，江岸各厂长也应邀出席。上午10时左右，成立大会在一片锣鼓声和鞭炮声中隆重开始，中国共产党的代表以《谁是工人之友》为题，在会上讲了话。筹委会代表首先报告工人俱乐部的筹备经过，林祥谦在会上报告会费的收入和支出情况。法人厂长杜拉克以为俱乐部供工人玩玩唱唱，正是麻痹工人斗志的好场所，所以也在会上发言，表示赞成成立工人俱乐部。大会在热烈掌声中选出项德隆、林祥谦、曾玉良等五人为江岸工人俱乐部干事，聘请施洋为法律

055
领悟真谛力践行

△ 1922年2月20日，粤汉铁路徐家棚俱乐部成立，林祥谦（前排左三）代表江岸工人俱乐部到会祝贺。

顾问。

　　工人俱乐部实行民主集中制原则，委员由参加工人俱乐部的全体工人民主选举产生。委员们遇事共同协商、分工负责、互相配合，重大问题则召开全体工人大会讨论议决，广泛听取群众的意见。会费实行民主管理。工人俱乐部会计委员由林祥谦担任。他想方设法节约开支，廉洁奉公，定期向工人们报告收支情况。在厂里毫无民主权利的工人，一来到工人俱乐部，气氛迥然不同，大家一律平等，享受着充分的民主和自由，像是生活在另一个世界里。

工人俱乐部设有象棋、围棋、二胡、京胡等文娱器材，供工人们开展各种有益于身心健康的娱乐活动。林祥谦和其他工人俱乐部干事劝说一些工人，改正过去沾染的赌博、酗酒以及吸鸦片等不良习气，鼓动这些工人有空闲时间多到俱乐部下棋拉琴。参加工人俱乐部的多数是在厂里地位最低下的小工，现在他们在繁重劳累的工作之后，能和工匠、工务员一道，高高兴兴地参加工人俱乐部的各项活动，这是过去所没有的。林祥谦从小就喜爱下象棋，他参加俱乐部活动，经常有意识地找小工下棋，把当时社会上存在的尊卑贵贱界限完全打破，进一步增强了工人内部的团结。

工人俱乐部举办了工人业余学校，组织工人们学政治、学文化，以政治思想教育为中心内容，开展文化学习活动。中共武汉地方组织专门为工人编写识字课本，还经常派人给工人上课。他们用通俗、生动的语言宣传革命道理，教工人识字、读报，教员在讲授《工人》这一课文时，先教工人认字，再讲述工人阶级的伟大，宣传劳动光荣、劳动创造世界和劳工神圣。并解释说："工"

字和"人"字上下连在一起，便是"天"字，工人顶天立地，创造世界。天下工人是一家，全世界无产者只要联合起来，就能推翻剥削制度。施洋还亲自给工人讲课读报，他在讲解《团结》这一课文时，通俗地宣传团结起来才有力量的革命道理。他语重心长地说："团结，就是大家要齐心。齐心就有力量，我们工人要求解放，就要齐心合力，不能你是你，我是我，更不能分什么福建帮、湖北帮。俱乐部把大家团结成一家，要是人各一条心，这个家不就散了吗？"施洋的讲话，常"为工人群众所倾倒"。林祥谦每天晚饭后就来到俱乐部，和工人们一道参加各种活动，及时了解工人的情绪和要求，并从中开展政治思想教育工作。

举办工人夜校确是传播马列主义、开展工人运动的好办法。通过夜校的政治和文化学习，工人们的精神面貌发生了深刻的变化，认清了敌人，明确了共同斗争的目标，增强了斗志，加强了团结，坚定了打倒封建军阀的信心。他们唱道：

军阀手中铁，

工人颈上血。

颈可断，

肢可裂，

奋斗的精神不可灭，

劳苦的群众们，

快起来团结！

过去别有用心的人向工人喧嚷道："工字不能出头。出头就成土字，出尾是个干字，工人天生就是给老板干活的。如果想造反，就要被杀头，入土去。"经过工人俱乐部的启发教育，工人们自豪地说："工人合成天，力量大无边！"

工人们在提高觉悟的基础上，纷纷要求改善政治和经济待遇。林祥谦和工人俱乐部的委员代表广大工人同厂方进行了必要的斗争，取得了一些成果。从前病假一律扣工资，此后十四天以内仍发全薪，十四天以上发半薪。过去工人上厕所被严加限制，后来赶走了厕所看守人，上厕所自由了；过去工人出厂要搜身，经斗争废除了；遇到总管、工头随意罚工人的款，工人俱乐部就派代表提出抗议，迫使厂方不得不

△ 项德隆（项英）

取消一些罚款。

经过项德隆、施洋、林祥谦、曾玉良等同志的积极工作，工人俱乐部办得生气勃勃，像一块大磁铁似的吸引着江岸广大工人，参加的人越来越多。许多工人收工后，吃了饭就往俱乐部跑。星期日歇工，大伙也总是不约而同地聚拢到俱乐部里。许多工人的家庭关系也得到改善，丈夫不再动辄打骂妻子儿女了。家属们乐得咧嘴称赞：“俱乐部好，赌钱鬼没有了，吃酒人少了！”朋友来到家里找丈夫，她们便自豪地告诉他：“在俱乐部里。”广大工人异口同声地说：“俱乐部是工人的家，祥谦是这个家的好兄弟。”

# → 显示威力

★★★★★

（30岁）

江岸工人俱乐部在党的领导下，很快成为广大工人热爱的家。这时反动当局发现俱乐部促使工人越来越团结，越来越敢于与政府以及厂方对抗，因而引起警觉。江岸警务段派人到俱乐部打探，企图抓住把柄，以便采取行动。林祥谦和俱乐部的工人十分警惕当局对俱乐部的破坏，早有防范。有一天，警察刘贵堂带人闯进工人俱乐部，阴阳怪气地问工人："你们俱乐部是干什么的？"工人爱理不理地回答："拉二胡、下棋、说书的！"刘贵堂歪头斜眼，东瞅西瞧，有个工人机灵地对着他说："先生，你大概还不知道洋厂长参加过我们俱乐部的成立大会，而且还在会上讲了话吧。要不要看一看照片？"刘贵堂连忙摇手说："不，不。"随后便在工人的哄笑中没趣地离开了俱乐部。

1922年6月1日下午6点40分，江岸机厂工人黄宝成带着妻子，由汉口玉带门搭乘铁路工人上下班的交通车回江岸。车刚开出车站，总查票程炎和护车三等巡长姜道生就无理取闹，硬要向黄宝成查票。黄宝成出示江岸机厂工人的证件后说："交通车一向不买票。你们实在要票，我可照乘客无票章补票，到江岸站照补。"程炎、姜道生看到黄宝成戴着江岸工人俱乐部的证章，便不由分说，喝令巡警把他捆绑起来，押送到大智门车站警务段关押。一路上，巡警对黄宝成拳打脚踢，把他打得遍体鳞伤。同时，还将黄宝成的妻子扣押在江岸铁路巡警所。

江岸工人们得知黄宝成夫妇被捆绑扣押的消息后，

即向俱乐部报告。当天晚上，林祥谦在俱乐部召开工人大会，报告敌人挑衅行凶的经过，组织工人商讨对策。工人们怒不可遏，一致向路局提出七项要求，即把凶手程、姜撤职查办；取消京汉路南段押车的巡长、巡警；赔偿损失；责令程炎、姜道生由大智门一路放鞭炮到江岸，向黄宝成夫妇公开赔礼认罪；并优待工人家属搭乘短程空车免费等。俱乐部强烈要求路局答复，否则全体工人一律罢工。

次日上午，江岸工人俱乐部发表宣言，并四处张贴布告，散发传单，揭露和声讨程炎、姜道生的罪行，愤怒地指出："程、姜二人用绳捆绑我们的工友，这是不是把我们当做牛马看待呢？工友黄宝成自愿补票而不准，擅作威福，拘捕工友，这是不是违章犯法，滥用职权呢？平日仗着他干爹钱铺的势力，无恶不作，屡屡虐待我们工人，对这种违背人道的贼子，我们该不该驱逐他呢？"工人们坚定地表示：不达到所提的七项条件誓不罢休，"即令全体停止工作，牺牲一切和程、姜二人拼个他死我活，亦在所不惜"。施洋也为工人到处奔走呼吁，促使汉口报纸报道了事件发生的经过，各界舆论大哗，程、姜成了过街老鼠，人人喊打。

　　同时，江岸工人俱乐部派出代表和工人，向京汉铁路南段车务处处长汪奎龙提出强烈抗议，责令他答复七项条件。汪奎龙推脱责任，玩弄拖延战术，并唆使凶手程炎在汉口报纸上刊登"启事"，妄图倒打一耙，嫁罪于工人。工人俱乐部一方面通过报纸刊出黄宝成在汉口法院验伤后的伤情记录等确凿证据，痛斥敌人的卑鄙伎俩，另一方面加紧准备罢工。京汉铁路南段局长冯澐虽然十分仇恨工人，但在江岸铁路工人的强大压力下，担心事态扩大势必酿成工人罢工，因此不得不指令汪奎龙答应工人俱乐部所提的条件。平时在工人面前要尽威风的汪奎龙被迫到江岸工人俱乐部向林祥谦等人勉强答应了七项条件中的五项。要求免掉"赔偿损失"，特别是大失他们体面的"一路放鞭炮"的条款。林祥谦觉得沿途燃放鞭炮更能大灭敌人的威风，大长工人阶级和人民群众的志气，无论如何都不能免，于是他坚决果断地回答："七项条件，一项也不能少！"并且责成汪奎龙带程炎、姜道生向工人俱乐部赔礼道歉，否则就下令全体工人罢工。汪奎龙无计可施，最后只得答应了全部条件。

第三天下午，汪奎龙带着程炎、姜道生，耷拉着脑袋，哭丧着脸，一路上边走边燃放鞭炮。到江岸工人俱乐部来赔礼道歉，劈啪作响的鞭炮声，充分显示了工人团结战斗的伟大力量，极大地振奋了江岸的广大工人。

反动当局仍不甘心失败。8月1日，他们又指使江岸工务修理厂的监工，借故把在该厂当工人的三名俱乐部会员解雇。工人俱乐部闻讯后，立即召开工人大会，强烈要求将三工友复职，把肇事的监工和"臭蛋"厂长邵步云革职，并增加工人的工资，工人一致决定：上述要求在三日内如得不到解决，全厂三百多名工人即行罢工。工人俱乐部的强硬态度终于迫使当局答应了工人的要求。

一系列斗争的胜利，使江岸广大工人

进一步认识到组织起来的极端重要性，他们更加紧密地团结在工人俱乐部周围，斗志昂扬地迎接新的战斗。

　　艰苦的工作和激烈的斗争，也把林祥谦锻炼得更加成熟，使他迅速成长为无产阶级的先锋战士。1922年夏天，林祥谦光荣地加入了中国共产党，在党旗下，他庄严宣誓：要为工人阶级和全人类的解放事业奋斗终生。

　　同年10月，江岸工人俱乐部改名"江岸京汉铁路工会"。林祥谦由于斗争性强，办事公道，善于团结群众，一心一意为广大工人谋利益，因而赢得了工人群众的信任和敬佩，被推选为江岸分工会第一届委员会的会计干事和第二届委员会的会计委员。不久，当选为江岸分工会委员长。

# 京汉铁路罢工潮

(1923)

# ⟶ 团结战斗

（31 岁）

　　1922 年 7 月，中国共产党第二次全国代表大会在上海召开。大会制定了彻底反帝反封建的民主革命纲领，指出党在民主革命阶段的基本任务是：消除内乱，打倒军阀，建设国内和平；推翻国际帝国主义的压迫，达到中华民族的完全独立；统一中国为真正民主共和国。同时规定中国共产党的最高纲领是建立共产主义社会。中共"二大"后，中国工人运动进一步勃兴。此前的 5 月间，中国劳动组合书记部发起在广州召开全国第一次劳动大会，讨论加强全国工人团结等问题。这次大会"引导工人阶级开始走向全国团结的道路"。

同年 7、8 月间，中国共产党通过中国劳动组合书记部，在全国开展了声势浩大的劳动立法运动。中国劳动组合书记部于 8 月拟定了保障政治上自由，改良经济生活，参加劳动管理以及劳动补习教育等劳动立法原则，并公布了"劳动法大纲"十九条，要求政府承认劳动者有集会结社、同盟罢工、缔结团体契约、国际联合、参加劳动管理等权利，以及实行八小时工作制，保障劳动者最低工资等等，"劳动法大纲"虽然没有被政府所接受，但它反映了广大工人的迫切要求，成为当时指导工人运动的斗争纲领。

在中国共产党民主革命纲领的指引下，在中国劳动组合书记部开展的劳动立法运动的影响和推动下，以 1922 年 1 月 12 日至 3 月 8 日香港海员大罢工为起点，全国第一次工人运动高潮汹涌澎湃地向前发展。

8 月 24 日，京汉铁路北端的长辛店，爆发了三千多铁路工人的大罢工，断绝了南北铁路交通，终于迫使京汉铁路管理局答应了工人们提出的开除总管郭福祥，工人俱乐部有推荐工人之权，短牌换长牌，以及北段自 9

月起，中段自10月起，南段自11月起，工人每日加薪一角等九项要求。罢工胜利后，长辛店工人俱乐部发表宣言指出："我们所争的利益是普遍于全路的，所以我们不敢多所畏缩，不敢不振起精神，来对付这武装的压迫者！"宣言号召："工友们、兄弟、父老、姐妹！时间到了，光明就在我们的奋斗中！"

长辛店这次罢工，其规模之大，参加罢工人数之多，斗争成果之丰硕，是京汉铁路前所未有的，全路近三万工人，都从长辛店胜利的罢工中分享到了经济利益，每个工人每月增加工资三元，这个数目却大约相当于一般工人原有工资的三分之一。

长辛店铁路工人罢工胜利的消息传到江岸，广大工人无比激动，林祥谦深为长辛店工友的坚强团结和立足于全路工人利益的全局观念所鼓舞，决心以长辛店工友为榜样，为整个工人阶级的翻身解放而英勇奋斗，他的目光更加远大了，经常不断地关注全国工人运动的蓬勃发展，并且怀着深厚的阶级情谊，积极组织江岸工友声援各地工人的罢工斗争。

9月8日，粤汉铁路武（汉）长（沙）段工人举行了大罢工，愤怒抗议粤汉铁路局长王世瑜唆使岳州（今岳阳）车站监工张恩荣、翻译苗凤鸣蛮横殴打、开除工人阮康成和吴青山。林祥谦和江岸工人俱乐部闻讯后，迅速派了代表到徐家棚，全力支援粤汉铁路工人的罢工斗争，协助开展对遭受"天津同乡会"蒙蔽欺骗的一部分工人的说服教育工作，使这部分工人很快参加了罢工。当徐家棚和岳州卧轨截车的工人，于10日晚被王世瑜和湖北督军肖耀南指派的军警残酷镇压，二百多名工友遭火车轧死轧伤、四十多人被捕后，江岸工人在林祥谦和工人俱乐部的组织下，作好了同情罢工的准备，并于11日以江岸工人俱乐部名义致电曹锟、吴佩孚、肖耀南及交通部，强烈要求撤退军警，撤换粤汉铁路局长，抚恤死伤工人，以及答应粤汉铁路工人所提的条件，9月15日，江岸工人俱乐部了解到交通部次长劳之常来到武汉玩弄"调停"把戏，即派工人和徐家棚工人一道急速奔至汉口大智门车站。三千多工人气愤地包围了劳之常后，控诉说：

071
京汉铁路罢工潮

"请交通次长看粤汉铁路局长指挥军警杀伤工人之惨剧，岳州死六人，伤六十余人，被捕解武昌者三十七人。徐家棚伤百余人，重伤三十余人，命在垂危者八人，坠水失踪者十余人，被捕解武昌者九人。"并强烈要求："（一）撤退弹压军队，惩办行凶军警；（二）革除、惩办王世瑜及张、苗二贼；（三）从优抚恤死伤工人及工人家属，赔偿损失；（四）完全承认粤汉铁路工人得出的罢工条件；（五）此后不得妨碍工人集会、结社、言论、出版、同盟罢工的自由。"等等。18日，武汉各工团召开了联席会议，致电交通部要求从速答应粤汉铁路工人所提的条件，否则武汉各工团所属工人将同京汉铁路工人一道罢工。江岸工人俱乐部除派代表出席武汉各工团联席会议外，还派人到长辛店和津浦、京绥、京奉、道清、陇海等铁路，联络各地工人大力声援粤汉铁路工人。23日，江岸工人俱乐部再次致电交通部和军阀吴佩孚，严正指出："粤汉工人受极大痛苦，迄未得圆满解决"，"武汉工人极愤激，江岸工人尤激愤"，并限定54小时内必须承认粤汉工人提出的条件。

在粤汉铁路工人的坚决斗争和江岸以及各路、各地工人的大力声援下，当局终于被迫全部答应了粤汉铁路

△ 江岸京汉铁路总工会会员证

工人提出的要求，罢工斗争取得了完全的胜利。

继粤汉铁路工人罢工之后，安源路矿近两万工人，于9月14日在"从前是牛马，现在要做人"的口号声中开始罢工，迫使路矿当局承认了工人俱乐部提出的保障工人政治权利，改良待遇，增加工资等十七项条件。10月23日，开滦五大煤矿（唐山、赵谷庄、林西、马家沟、唐家庄）四万多工人也爆发了同盟罢工。

与全国各地工人的罢工斗争相呼应，自1922年7月以后，武汉地区的汉阳钢铁厂、汉阳兵工厂、汉口扬子机器厂、汉口英美烟厂、汉口花厂等工厂工人，都相继举行了罢工，工人的斗争此呼彼应，罢工此伏彼起，当时汉口有的报纸惊呼："汉口罢工风潮终难消灭，此项罢工解决，彼项罢工又生，可谓工人世界。"

1923年1月16日，江岸铁路工人在党和林祥谦等领导下，为抗议军阀匪兵殴打工人的暴行，举行了罢工。这一天，某支军队草料车开到江岸车站，硬要该站调车工人即刻准备车头拖往江边起卸。调车工人由于轨道上尚有别的车辆，无法立即调车，押车的匪兵竟蛮不讲理，凶狠地动手打伤了多名调车工人。林祥谦得到工人报告，果断地发动工人罢工，各种车辆一律停开。还组织工人队伍到兵营强烈抗议匪兵的罪恶行径。军官被迫惩办了行凶的士兵，并赔款给工人治伤养伤，罢工获得了胜利。

在罢工的热潮中，中共武汉区党委和中国劳动组合书记部武汉分部于1922年10月，领导成立了湖北全省工团联合会，并举行盛况空前的庆祝游行。京汉铁路江岸分工会、粤汉铁路徐家棚分工会以及汉阳铁厂、汉冶萍轮驳、扬子机器厂、人力车夫、缝纫业、西式皮鞋、电话、洗衣、建筑等二十个工会组织参加了湖北全省工团联合会，会员达三万余人。京汉铁路沿线各站，在工人运动高潮中纷纷成立了工会组织，至1922年底，共有长辛店、琉璃河、高碑店、保定、正定、顺德（邢台）、彰德（安阳）、新乡、黄河（黄河南岸）、郑州、许州（许昌）、郾城（漯河）、驻马店、信阳、广水、江岸等十六个分工会。广大工人在工会的领导下，不断地开展各种形式的斗争。京汉铁路管理局曾在各大报刊登"京汉路局紧要启事"，攻击工会"自上年倡行罢工以来，俨然成为天纵之骄子，对于直辖员司之命令可不听，对于厂所之工作可自由，从前一人可完之工作，今则数十人不可了之……对于首领监察稍则群起反抗，借端要挟，要挟不已，则排去之……其他越轨逾范之事更难枚举……"

工人团结战斗显威力。随着斗争形势

的发展，京汉路广大工人迫切要求成
立京汉铁路总工会。

## → 风雷激荡

★★★★★

（31 岁）

　　为了适应全国工人运动日益高涨的
形势，实现京汉铁路广大工人的迫切愿
望，京汉铁路总工会的筹备工作加快了，
1922 年 4 月 9 日，第一次全路代表会议
在长辛店召开，成立京汉铁路总工会筹
备机构。8 月 10 日，又在郑州召集了全
路代表的第二次会议，产生了京汉铁路
总工会筹备委员会，积极开展成立总工
会的准备工作。1923 年 1 月 5 日，总工
会第三次筹委会在郑州召开。经过认真

讨论，拟订了京汉铁路总工会章程草案，会议一致决定2月1日于郑州隆重举行京汉铁路总工会成立大会。

1923年1月下旬，京汉铁路总工会筹委会在北京、天津、上海、武汉等城市的各大报纸上，刊登了京汉铁路总工会成立大会的时间和地点，并发出请柬邀请各地、各铁路工人组织派代表出席大会。

京汉铁路总工会筹委会还把成立大会的有关事宜，报告了京汉铁路管理局局长赵继贤。赵一方面答应将1月28日星期例假与2月1日对调，以便工人赴会，并答应"北段赴会者准予发给免票，南段赴会者准予挂二等车各一辆，以便运送代表及来宾"；另方面又电告两湖巡阅使军阀吴佩孚，大肆攻击京汉铁路工人，叫嚷："未经地方官厅许可集会，竟敢明目张胆，聚众招摇，不特影响所及，隐患堪虑，即此目空一切，荒谬绝伦，将来群起效尤，愈演愈烈……务祈麾下，迅饬预为防范，切实监视。"

1月30日，林祥谦以江岸分工会代表的身份，同汉阳钢铁厂工会、扬子机器厂工会、人力车工会等武汉三十多个工会团体的代表，在工人们的热烈欢送下，从汉口大智门车站乘车奔赴郑州，参加京汉铁路总工会成立大会。

郑州工人热烈地迎接林祥谦和武汉各工会团体的代表及来宾。同时，京汉铁路其他各站和各地、各铁路工会的代表及来宾也纷纷赶到了郑州。郑州铁路工人已经把京汉铁路总工会成立大会的会场钱塘里普乐园戏院布置得焕然一新。门口用松柏扎制成彩楼，整个会场披着节日的盛装，每个人都笑逐颜开地期待着京汉铁路工人的盛会。

吴佩孚眼看各地工运蓬勃发展，已严重威胁到他的反动统治，如让京汉铁路总工会成立，将使他的重要军事交通工具和主要军饷来源受到更大威胁，于是便公开指使反动军警进行破坏。

吴佩孚是个十分阴险狡猾的直系军阀头子，他善于投机钻营、排除异己。早在1919年五四运动爆发时，他就趁段祺瑞亲日卖国政府声名狼藉之机，接连发表通电，声言反对在巴黎和约上签字，主张取消中日密约，诡称支持学生的爱国运动，因此骗取了舆论的好评。此后，他联合奉系军阀，于1920年7月打败了皖系军阀。1921年7月以援助湖北督军王占元抵抗湘军为名，派肖耀南率兵占领湖北。8月升任两湖巡阅使。在1922年4月29

△ 京汉铁路总工会在郑州召开成立大会时各地代表合影

日爆发的第一次直奉战争中，他又打败了奉军。6月初奉军被迫退回关外，直系军阀控制了北京中央政权，吴佩孚成为北洋军阀的首要人物。吴佩孚的御用内阁代替了交通系内阁，京汉铁路也被吴佩孚所把持，成为他的重要军事交通工具和主要的军饷来源。自战胜奉系后，吴佩孚政治野心大为膨胀，推行其"武力统一全国"的主张，狂妄地表示要"龙泉剑斩血汪洋，千里直趋黄河黄"。吴佩孚为了进一步加强对京汉铁路的控制权，曾经妄想利用中国共产党来排挤打击交通系在铁路上的势力。他假惺惺地发表通电，高唱"保护劳工"，表示赞成劳动立法。有时还装模作样地接见工人代表，企图诱骗拉拢铁路工人。然而，他的如意算盘却打得很不如意。中国共产党人利用了吴佩孚和交通系之间的矛盾，大力发展了党领导的铁路工人运动。

郑州警察署署长黄殿辰曾一再声称："我黄殿辰在郑州一日，即一日不准开会。"1月28日下午，黄殿辰带着武装警察多人，闯到京汉铁路总工会筹委会办公地点，亮出赵继贤给吴佩孚的电报以及驻郑州的十四师师长靳云鹗的命令，盛气凌人地宣布："吴大帅禁止你们开会！"被激怒的工人代表愤怒地责问黄殿辰："临时约法规定公民有集会结社的权利，你们为什么禁止我们开会？京汉铁路管理局已经答应我们开会，为什么翻来覆去？……"黄殿辰理屈词穷，支支吾吾地回答："这是吴大帅的命令。"

29日，吴佩孚又电令靳云鹗制止集会，切实监视工人。

30日，吴佩孚电邀京汉铁路总工会筹委会派五名代表到洛阳谈判。京汉铁路总工会筹委会派出筹委会副委员长、共产党员史文彬等五人于当天到洛阳。吴佩孚施展淫威，当天不见，直到第二天上午才见了代表。他妄图通过威胁和欺骗的伎俩，瓦解和软化工人的斗志，取消2月1日的京汉铁路总工会成立大会。他首先大言不惭地宣称："你们工人的事我没有不赞成的，你们想，什么事我不帮助你们？""我是宣言保护你们的，岂和你们为难？我以后保护你们的日子正多咧！"接着便声色俱厉地威胁说："郑州是个军事区域，岂能开会？你们不开会不行吗？改期不行吗？改地方不行吗？其实会个餐也可开会。"随后又掏出赵继贤的电文说："这是你们局长来的报告，我已经允许了他，我已经下了命令要制止开会。我是官长，岂有收回成命的道理？"代表们据理反驳，史文彬义正词严地指出："临时约法"规定人民享有集会结社的自由，你自己的"四大政治主张"即有"保护劳工"、"劳动立法"等语，不能反复无常；大会早已筹备就绪，京汉铁路管理局也已同意，各地代表来宾绝大多数已到郑州，大会不能不开。吴佩孚奸诈地冷笑："你们若是非要开会不可，我便没有办法了！"会谈不欢而散。五名代表于 31 日晚赶回郑州，并在当晚召集的全路各站代表会议上，向到会代表报告了与吴佩孚交涉的经过。

会议坚决否定了"总工会的成立仪式和全体大会，可以改时改地举行，不必坚持"、"成立大会的方式可以改变，议程少一点，时间短一点，早开早散；或者再派人交涉，争取批准，然后再开总工会成立大会"等说法，决定不顾吴佩孚的阻挠和破坏，坚决照原定计划庄严地举行京汉铁路总工会的成立大会。会上，林祥谦表示：要是事事都得经过吴佩孚点头准许，把工人的组织搞成官办的，完全纳入军阀规定的行动轨道，那还有什么工人的民主自由权利可言，工人怎么可能摆脱当牛做马、任人摆布的命运。他呼吁："大会一定要按原定的时间和地点召开！"施洋也发表了慷慨激昂的讲话。与会代表斗志高昂，高呼"京汉铁路总工会万岁！""无产阶级胜利万岁！"等激动人心的口号。

2 月 1 日清早，郑州全城紧急戒严，反动军警荷枪实弹，岗哨林立，如临大敌，在恐怖的气氛中，商店闭门，行人绝迹，参加总工会成立大会的代表和工人们，面对全副武装的军警，毫不畏惧，坚定地要从军阀手中夺回宝贵的集会结社自由的权利，他们明知山有虎，偏向虎山行。

上午，林祥谦和全体代表、来宾三百多人以及一千多工人在五洲大旅馆整队后，雄赳赳气昂昂地向会场普乐园戏院进发。身穿带有紫边的黑呢子制服、脚着皮鞋的十二人组成的新式乐队为前导。随后为数十面彩旗和各单位赠送的匾额对联等。其中引人注目的有：湖北省工团联合会所赠的七尺长、四尺宽、周围镶嵌玻璃镜的木质大匾额。该匾额当中用粉红色绸布衬底，以黑绒布绘成"劳工神圣"四个大字，还有粤汉铁路总工会送的"劳工万岁"，以及各单位赠送的嵌写有"赤焰辉煌"、"工群励进"、"众志成城"、"云卷电驰"、"前途胜利"、"大地赤化"等匾额。接着是代表来宾的队伍。他们一路高呼"打倒帝国主义！""铲除军阀！""打倒官僚资本家！""打倒贪官污吏！""打倒土豪劣绅！""取消不平等条约！""全世界工人团结起来！"等口号。

当代表、来宾和工人的队伍，浩浩荡荡地来到距离普乐园戏院不远的钱塘里北段，遭到军阀反动军警的迎面拦截。代表和工人们愤怒地责问军警："为什么不准工人开会？"反动军警回答："奉吴大帅的命令！"林祥谦、施洋、项德隆等人见军警蛮横地坚持阻拦，便紧握拳头，和郑州分工会委员长高斌、长辛店分工会委员长史文彬等人，冒着生命危险，带头冲破军警的防线。队伍跟着冲到普乐园戏院门口，气愤地撕掉了驻郑州军队第十四师司令部贴在大门上的封条，涌进了会场。上午8时，大会主席立即宣布开会，并在阐述了京汉铁路总工会的宗旨后，宣告京汉铁路总工会正式成立。顿时，鞭炮锣鼓齐鸣，乐队奏起雄壮的乐曲，会场上响彻"京汉铁路总工会万岁！""劳动阶级胜利万岁！"的欢呼声。接着由总工会筹委会向大会报告了总工会筹备的经过。林祥谦和各分会代表也在大会上作了报告。

这时，郑州警察署长黄殿辰气急败坏地闯进了会场，爬上主席台，声嘶力竭地叫嚷："不准开会！""如有反抗，军法从事！"与会者根本不予理睬，一个劲儿地高呼口号，乐队也高奏乐曲。响亮的口号声和悦耳的音乐声，完全把黄殿辰的嚎叫声淹没了。工人纠察队见黄殿辰纠缠不休，便上前指着他大声喝道："不准捣乱会场!"并把他从台上拖下来，轰出会场，会场上群情更加激昂，林祥谦和代表们高呼："京汉铁路总工会万岁!"京汉铁路工会成立大会持续到下午4时结束。

林祥谦和京汉铁路广大工人在党的领导下，无视吴佩孚的禁令，冲破反动军警的阻挠，果敢地举行京汉铁路总工会成立大会，充分显示了工人阶级革命的坚定性和彻底性，但也引起吴佩孚等人的无比恐慌与仇恨。2月1日下午，他们命令反动军警占领总工会会所，驱逐工会工作人员，查抄总工会的文件材料，捣毁各单位赠送的匾额和对联，连代表和来宾的住处五洲大旅馆等旅社也受到反动军警的包围和监视，完全限制了人身自由。郑州分工会也被查封，全市处于一片白色恐怖之中。京汉铁路总工会成立大会遭到如此摧残，使林祥谦和各站代表痛感到："争回人格及自由——此乃我们今后的重要使命。"

面对军阀的武力威逼，京汉铁路总工会在党的领导下坚持斗争。晚上，京汉铁路总工会秘密召开各分会和各路代表参加的紧急会议。会上一致决议："我们为力争自由起见，决于本月4日午时宣布京汉铁路全体总同盟罢工，同时为事实上便利起见，总工会决定移至江岸办公，一切进行事务，于总罢工期内，完全听总工会命令而定，我们为争自由而战，为争人权而战，决无退后！"紧急会议决定成立总罢工委员会，江岸分工会委员长林祥谦以及曾玉良等被推选为江岸方面罢工的负责人。总工会还发表了宣言，说明京汉铁路总工会筹备和成立的经过，愤怒控诉京汉铁路管理局局长赵继贤和军阀吴佩孚以及郑州警察当局的暴行，号召工友和同胞们团结起来，反抗军阀的压迫。宣言郑重声明，从本月4日正午起，京汉铁路全体一律罢工，不达下列条件，决不上工：

（一）要求由交通部撤革京汉局长赵继贤和南段局长冯云；要求吴、靳及豫省当局撤革查办黄殿辰。

（二）要求路局赔偿开成立大会之损失六千元。

（三）所有当日在郑州被军警扣留之一切匾额礼物，要求郑州地方长官军警奏乐送还总工会郑州会所。所有占住郑州分会之军队立即撤退，郑州分会匾额重新挂起，一切会中损失郑州分会开单索价，并由郑州地方官到郑州分会道歉。

（四）要求每星期休息，并照发工资。

（五）要求阴历年放假一星期，亦照发工资。

2月1日早上，各路工会代表和来宾决定离开郑州。当天晚上，他们致函京汉铁路总工会，表示："京汉铁路总工会之能否健全，实全国工人共同问题。我们希望京汉铁路总工会必能为争取自由而取最后奋斗之手段，各工团誓必为实力的后盾。"

# → 肩负重任

★★★★★

（31 岁）

1923 年 2 月 2 日晚上，林祥谦和他的战友施洋，以及武汉的代表、来宾、愤怒地离开郑州返回江岸。施洋在沿途各停靠站抓紧时机向铁路工人发表演说，指出："我们向封建军阀要自由，要民主权利，像同老虎商量扒它的皮一样，它是不会答应的。唯一的争取办法，就是斗争、斗争、再斗争！"江岸工人听到林祥谦和代表们即将回到江岸的消息后，有数百人立即赶到车站迎接。林祥谦向工友们诉说了军阀吴佩孚破坏工人集会的罪行，并传达了京汉铁路总工会关于发动全路同盟大罢工的决定，号召工友们"用最大的力量，反抗军阀的暴行。争取自由，争取人权！""江岸工人闻之，切齿顿足，愤恨万分"，一致表示坚决拥护京汉铁路总工会发布的罢工决定。

京汉铁路总工会在郑州会所横遭军阀破坏后，移至江岸刘家庙秘密办公，一切公开活动均由江岸分工会出面进行。林祥谦深知反对帝国主义及其走狗封建军阀的政治压迫，争取工人的自由和人权的斗争，已经进入决战阶段，自己所肩负的使命和责任更加重要了。他决心全力以赴，为争自由、争人权而战斗到底，绝不辜负阶级兄弟的重托。

2月2日和3日，林祥谦紧张沉着地做好罢工的各项准备工作，周密地布置罢工的行动步骤。在林祥谦的领导下，江岸铁路工人组织了宣传队，到处贴标语、发传单，揭露敌人的罪行；成立了工人调查队，负责调查了解敌情，及时掌握敌人的动态；扩大了原有的工人纠察队，编组了以曾玉良为副团长的工人纠察团，负责放哨巡逻，维持罢工秩序，保卫工会，对付敌人的破坏活动；工人们每十人编为一组，随时待命行动。工人纠察团员赶制铁棍、木棒，准备自卫。林祥谦为

△ 林祥谦　　　　　　　　△ 施洋

此日夜奔忙，连饭也顾不得回去吃，都是家里给送来的。

中共武汉区委书记陈潭秋和中国劳动组合书记部武汉分部主任林育南，在大力组织湖北全省工团联合会各单位工人开展声援江岸工人斗争的同时，也经常赶到江岸协助指导。施洋几乎每天晚上都到江岸分工会来参加各项工作。

3日晚，罢工的各项工作准备就绪，工人们被告知，规定4日上工后，以江岸机厂锅炉房的汽笛声为全面罢工的号令。

4日早上，江岸铁路工人上班后，都在等候汽笛声。

江岸机厂的老旧机械挂钟敲了九响的时候，工人黄正兴接到了林祥谦下达的命令，上午九时零四分拉响了汽笛。随着这划破江岸沉闷空气的第一个汽笛声，江岸机厂所有机车的汽笛也都跟着吼叫开，并迅速连成一片，响彻武汉三镇，震撼四面八方。工人们过去听的是下工汽笛声，这一天听到的是对黑暗社会宣战的高昂汽笛声，无不精神振奋。大伙在林祥谦的指挥下，立即关了电闸，熄灭了炉火，离开了工厂。他们边走边高呼"打倒帝国主义！""打倒军阀！""为自由而战！""为人权而战！"等口号，并且迅速按照事先的分工展开活动。宣传队员跑到街头巷尾贴满红绿标语和《罢工宣言》，散发《敬告旅客》、《敬告本路员司》等传单。纠察队员戴上袖章，手持铁棍木棒，很快控制了铁路和工厂的各个重要部门。刚从广水开回江岸机厂的五零二车司机，听到了罢工的汽笛声连忙熄火、放气，把车停在咽喉道岔上，堵死了该厂机车进出的要道。纠察队员动手帮忙拆去并埋藏机车的摇杆、连杆和闸把，片刻之间，江岸机厂股道上便停满熄了火、放掉气的机车，厂里的烟囱不再冒烟，平日忙碌的车间顿时寂静无声，繁忙的运输线瘫痪了。

这天上午不到三个小时，郑州、长辛店以及京汉铁路全线两万多工人，都停止了工作。震惊中外的京汉铁路工人大罢工胜利实现了！

中国共产党有力地领导和坚决地支持了京汉铁路工人的罢工斗争。京汉铁路工人大罢工开始的第一天，中国劳动组合书记部发出通电，号召全国工人"本阶级斗争之精神，切实援助"。

◁ 京汉铁路工人大罢工时使用的怀表

中共湖北区党委和中国劳动组合书记部发动武汉工人、学生、妇女、新闻各界群众，采用各种形式声援江岸工人的罢工斗争。4日下午，武汉各报都为江岸罢工发了号外。武汉三镇的街头巷尾、家家户户都在谈论铁路工人的罢工斗争。各群众团体每天都派出慰问队，川流不息地来到江岸慰问工人，鼓舞斗志。武汉十八个工团联名致电京汉铁路总工会及各分工会，痛斥军阀政府破坏总工会成立的罪行，表示："我等代表全体湖北各工团，誓以全力诸君后援，即赴汤蹈火，拼一死命，亦所不惜！"

4日晚上，寒风白雪席卷武汉三镇。林祥谦冒着风雪赶到江岸分会所和分工会秘书黄子章研究罢工日刊的创刊问题。

军阀当局千方百计妄图扑灭罢工烈火。林祥谦面临着火与剑的考验。他没有丝毫退却的表现，而是更勇敢地顶着恶浪冲向前。从2月4日罢工开始到7日的四昼夜里，他率领江岸铁路工人，与帝国主义势力和军阀的走狗进行了殊死搏斗。

2月5日，吴佩孚命令湖北督军肖耀南从速消灭罢工的领导力量。肖耀南指派督军署参谋长张厚生带着军警到江岸，佯称与工会谈判，妄图诱捕林祥谦等领导人出来。工会识破其奸计，答称："如有对曹、吴及交通部正当负责人来，总工会当然有全权代表与之正式谈判，否则不恕接待。"挫败敌人的阴谋。张厚生见诱骗不成，便调来大批匪兵，占领工厂，强迫工人上工，并抓走了两名司机，胁迫生火开车。林祥谦得知后，立即召集数百名纠察团员和一千多名工人，赶到江岸机厂，不顾军警阻拦，冒着生命危险将那两位司机救出来，再次挫败了敌人破坏罢工的阴谋。当天下午，军警又绑架了万能山、廖于廷等三位纠察团员。林祥谦闻讯后，即派代表前去交涉，军警无理要求江岸分工会交出已被救回的那两位司机，作为交换条件。林祥谦见交涉无效，亲率两千多名工人，手持铁棍、木棒和斧头，打着"京汉铁路江岸分工会"的旗帜，来到车站，不断高呼"还我工友"等口号，迫使敌人无条件释放那三名纠察团员。

# → 勇往直前

★★★★★

（31 岁）

2月6日，罢工进入第三天。上午，在中国共产党的领导下，湖北全省工团联合会和武汉各界派出两千多名代表，高举"支援京汉铁路工人兄弟"的大旗来到江岸，亲切慰问同反动军阀政府英勇搏斗的工友们。为了壮大声势，鼓舞士气，总工会领导和林祥谦特地在江岸分工会所门前，召开一万多群众参加的大会，林育南、林祥谦和武汉工人代表都在会上讲了话。林祥谦在讲话中，深切感谢武汉各界群众对江岸铁路工人的大力支援，愤怒控诉帝国主义和封建军阀的罪行，号召"工人们要团结，罢工要坚持！不要怕军阀，不要怕帝国主义！"林育南在会上说："工友们，现在全国的同胞都在注视着我们。我们京汉铁路将近三万的工友，已经成为争自由、争人权的先锋。这一次斗争是光荣的。工友们，要勇往直前，要坚持到底啊！"汉口烟厂的代表在发言中热情地赞颂了江岸铁路工人，指出："江岸铁路工人好比是树根子，我们其他厂好比树枒子，有树根在，才有树枒子。"湖北全省工团联合会和京汉铁路总工会的法律顾问施洋也在会上发表演说，号召工人"坚持斗争，不胜利不上工！"会后，举行了声势浩大的示威游行，队伍分成四路纵队，前后长达数里。工人们情绪高昂地从江岸向汉口出发，林祥谦走在队伍的前头，曾玉良高举江岸工人纠察队大旗，指挥纠察团员行进在游行队伍中，格外令人注目。在林祥谦等人带领下，队伍穿过汉口的英、法、日、德等国的租界，向试图干涉和破坏中国工人斗争的帝国主义分子示威。他们不断高呼"打倒帝国主义！""打倒军阀！""争自由、争人权！"街道两旁的群众报以热烈的掌声，许多商店的店员还放鞭炮表示支持，租界楼上的帝国主义分子被觉醒了的愤怒群众吓得躲在屋里，过去凶狠残暴，

不把中国人民当人看待的租界巡捕，也像
丧家犬夹着尾巴，躲在路旁不敢吭一声。
这次示威游行，历时两小时，它大长了中
国人民的志气，大灭了帝国主义及其走
狗封建军阀的威风。

　　随着斗争的深入开展，罢工工人的
生活困难也增加了。林祥谦深情地对工友
们说："苦是暂时的，眼前苦一点儿，为
的是争自由，争地位。斗争要英勇，英
雄好汉是从不流泪的。"同时，在林祥谦

◁ 林祥谦的妻
子陈桂贞与其遗
腹子林冠康的合
影

的安排下，江岸分工会把不多的经费按困难情况，按三角、五角的份额发给工友买米度日。林祥谦的妻子陈桂贞也协助林祥谦做好工人家属的工作。有些家属担心林祥谦领着工友和当局对立，怕闹出大事来。陈桂贞对他们讲："林祥谦说我们结团体，立工会，闹罢工，是光明正大的，不要怕。"

同时，长辛店、郑州以及京汉铁路全线工人，也都在各分工会的有力领导下，不断挫败敌人破坏罢工的种种罪恶活动。

在长辛店，京汉铁路管理局局长赵继贤于2月5日发出布告，以解雇工人为威胁手段，限工人在十二小时内上工。工人毫不动摇。赵继贤又使用"先行复工，再议条件"的骗局，妄图诱使长辛店分工会单独复工，以便瓦解全路的罢工斗争。但同样遭到长辛店分工会的坚决拒绝。6日，当局押送从塘沽船厂招来的一百多名新工人到长辛店、保定、郑州等站，并重新委任了曾被工会开除的工贼为工头，令五百名士兵随同练习开车，扬言："工人如不复工，将一律解散押回原籍。"还唆使宛平县知事，借"调解"名义到长辛店分工会"谈判"，企图动摇工人的斗志。长辛店分工会委员长史文彬坚定地表示："一切听从总工会命令。分工会无权谈判，也决不单独解决。"6日晚，当局疯狂地逮捕并拷打了史文彬等工会干部。广大工人依然顽强地坚持着罢工斗争。

在郑州，靳云鹗悍然于2月5日逮捕了郑州分工会委员长高斌。靳先施以严刑，后又大摆宴席，妄图诱迫他下令复工，高斌严词拒绝，一再表示："没有总工会命令，决不复工。"最后在酷刑之下壮烈牺牲。

"没有总工会的命令，决不复工！"这成为京汉铁路全路工人自觉的统一口号和铁的纪律。广大铁路工人紧密团结、步调一致地坚持罢工斗争。2月7日上午，武汉各界群众继续派出代表到江岸慰问，鼓舞罢工工人。由于广大群众的大力支持，在林祥谦等人努力工作下，江岸铁路工人在连续的对敌斗争中，团结得像一个人似的。工人纠察团和广大工人警惕地护卫着分工会。他们克服困难，毫不懈怠，抱着坚定的决心：不实现京汉铁路总工会提出的五项条件，决不复工。

# 甘酒热血写春秋

# ⊙→ 腥风血雨

★★★★★

（31 岁）

2 月 7 日，京汉铁路工人大罢工进入生死搏斗的关键时刻。

京汉铁路工人大罢工，从政治、经济等各方面沉重打击了帝国主义和封建军阀。各帝国主义国家在北京的公使团，以"财产遭受损失"为由，向北洋政府提出"严重警告"，逼迫和唆使吴佩孚以武力镇压罢工的工人。2 月 6 日下午，汉口的英、美总领事，在英国总领事馆内召集买办资本家和肖耀南的代表，密商对策。吴佩孚在英国等帝国主义列强的支持下，丧心病狂地决定以武力血腥镇压京汉铁路工人大罢工。

7日上午，肖耀南秉承帝国主义势力和吴佩孚的旨意，完成了血洗江岸铁路工人的部署。他任命张厚生为刘家庙铁路警备司令，并在江岸扶轮小学设置了镇压罢工的指挥所。

当天中午，林祥谦意识到一场暴风雨即将来临，为了让父亲和妻子对突然事变有思想准备，他接受工友的劝说，回家吃午饭。并把分工会的图章带回家中，藏在炭火盆里。林其庄望着儿子熬红的眼睛和消瘦的脸，痛惜地劝说儿子在家休息一会儿；妻子陈桂贞忙给丈夫盛饭，问道："听说路局要下毒手，真的吗？"林祥谦说："咱工人结团体，立工会，争自由，争人权，是光明正大的事。但军阀是不甘心的，是会下毒手的，咱要有思想准备。"饭后，林祥谦又匆忙赶回工会。

下午2时，张厚生派警官到江岸分工会，佯称"奉肖督军命令，特来请求贵总工会派全权代表开会谈判。如得允许，张参谋长顷即可来贵会晤谈，并拟穿便衣来，以示诚意"，"唯请先将全权代表名单开示"。工会干部看透了敌人企图诱捕林祥谦等领导人的险恶用心，仅以假名单应付。张厚生见阴谋落空，又要求总工会全权代表下午5时半在江岸分工会会所等候，届时亲自来会。

5时20分，张厚生带着两营军队，从江岸车站分三路包围江岸分工会会所。一路由头道街包抄会所右侧，一路由福建街控制会所左侧，还有一路由火车站直扑会所。汉口租界工局部紧急宣布其辖区临时戒严，驻泊长江上的外国军舰也公然派兵登岸，配合湖北军阀政府的行动。

林祥谦接到纠察团员关于敌人分路包抄工会的报告后，命令纠察团副团长曾玉良率众迎敌，并亲自销毁工会的秘密文件。守卫在江岸分工会会所的数百名工人纠察团员和敢死队员，在凶恶的敌人面前毫不畏惧，他们手举铁棍、木棒，拾起石块、瓦片，作好同敌人搏斗的准备。

不久，江岸分工会会所周围，枪声密集，张厚生亲自指挥军队朝会所疯狂射击，开始了骇人听闻的二七大屠杀。

面对敌人的血腥镇压，江岸铁路工人怀着对封建军阀的深仇大恨，在"为争自由而战！为争人权而战！"的口号声中，高举铁棍、木棒，同敌人进行了勇猛的战斗。林祥谦的亲密战友曾玉良像一头怒吼的雄狮，振臂高呼：

"工友们！为誓死保卫工会，争取人权和自由，冲出去呀！"带领纠察团员冲向敌人。曾玉良拳术精湛，在敌兵中左冲右突，刹那间就把五六个敌兵的枪支打落在地。曾玉良把一个敌兵打倒时，另一个敌兵的刺刀猛捅过来，他机警地往边上一闪，敌兵扑了个空，他趁机抓住敌兵，夺取枪支并将敌兵掀翻倒地。穷凶极恶的敌军官用手枪向曾玉良身体连射数枪。曾玉良光荣地献出了宝贵的生命。工人们同军阀的军队士兵激战了三十分钟，直到京汉铁路总工会下令撤退才离开江岸分工会会所。

工会门前，弹痕累累，血迹斑斑。兽性大发的军阀匪兵，到处枪杀、搜捕工人。同时，这群匪兵还闯进工人家里抢劫财物，奸淫侮辱工人妻女。福建街一夜之间连遭三次洗劫，老人、小孩、妇女的哭喊声震天动地。匪兵在捕杀江岸机厂翻砂匠林材永时，发现林的母亲手上有一枚金戒指，竟惨无人道地砍掉她的手指，抢走了那枚沾满鲜血的戒指。在这次野蛮屠杀中，江岸三十七名工人英勇牺牲，二百多名工人受伤。林祥谦的二弟林元成也被敌人枪杀。林祥谦在同围捕他的敌人英勇搏斗中，终因众寡悬殊，不幸被捕。同时被捕的还有几十名工人。

## ➡ 血染江岸

★★★★☆

（31 岁）

7日晚上，北风呼啸，雪花纷飞。军阀张厚生把几十名被捕的江岸铁路工人捆绑在江岸车站站台上。林祥谦被绑在站台东侧的木柱边。江岸广大工人听到林祥谦和许多工友被捕的消息后，心如刀割。大家冒着被敌人捕杀的危险，纷纷奔向车站，想夺回大家爱戴的领导人林祥谦和其他被捕工友。但是大批匪兵端着刺刀组成一道道封锁线，阻拦工人群众靠近站台。林祥谦透过层层马刀枪，看到和他朝夕相处、共同战斗的战友们，顿时力量倍增，他威武不屈地挺立在站台上，怒视凶恶的官兵，有力地鼓舞着工友们的战斗情绪。

这时，湖北督军参谋长张厚生领着京汉铁路南段段长冯澐和江岸机厂法人厂长杜拉克，在军警的森严戒备中来到江岸车站站台上，几个身背大刀的刽子手紧随其后。张厚生此时为捕捉到"煽动工潮"的重要领导人林祥谦而显露逼人的凶气。张厚生亲自提着马灯，经过一排排被绑着的工人面前，走到林祥谦跟前，故意问段长冯澐："此人是不是林祥谦？"段长连忙回答说："就是他。"张厚生假惺惺地说："林会长，受委屈了！你现在的唯一出路是下令工人赶快上工，这样做，我保有你的好处，不然，你就性命难保。"

林祥谦昂着头，挺着胸，向张厚生投去仇恨的目光，不为所动。林祥谦正言厉色地答复："这一次同盟罢工，是关系到三万工人生死存亡的大事，非得总工会的命令，不能上工！"

甘洒热血写春秋

张厚生立即凶相毕露，恶狠狠地命令刽子手朝林祥谦左肩砍去。鲜血顿时染红了林祥谦的对襟蓝上衣，不断滴落在飘洒着雪花的站台上，他忍着剧痛，巍然站立。

　　陈桂贞接到林祥谦被捕的消息后，迅疾赶到车站。工友们护送陈桂贞赶到站台前，她朝丈夫喊道："祥谦，你有什么交代？"早已把生死置之度外的林祥谦，突然听到身怀有孕的妻子的呼唤声后，着急地说："你不要管我，快

△ 林祥谦英勇就义处江岸车站

回去吧！"

张厚生又对林祥谦嚎叫："上不上工？"

林祥谦瞪圆双眼，斩钉截铁地回答："不上！"

张厚生又气又恼，命令刽子手又朝林祥谦右肩砍一刀，歇斯底里地狂叫："到底下不下复工令？"

林祥谦鲜血直流，毫不动摇，用铿锵有力的洪亮声音说："上工要总工会下命令，我头可断，血可流，工不可复！"

张厚生气得脸色铁青，疯狂地命令刽子手挥刀再往林祥谦身上砍去。林祥谦血流如注，顷刻间晕厥过去。但是，当他从昏迷中苏醒过来时，仍以惊人的毅力，顽强地挺立在刽子手面前。

"现在怎么样了？"张厚生冷笑着问林祥谦。

林祥谦拼尽全身力气，咬牙切齿地怒骂道："现在还有什么话可说！可怜一个好好的中国，就断送在你们这般混账王八蛋的军阀手里！"

张厚生被骂得丧魂落魄，浑身发抖，没等林祥谦说完，就慌忙命令刽子手对他下毒手。中华民族的优秀儿子林祥谦，为了工人阶级和人民大众的解放事业，英勇地献出了自己的生命。牺牲时年仅 31 岁。

在江岸惨案发生的当天晚上，施洋从汉口的夏口地方审判厅阅卷回家不久，也被敌人逮捕关进监狱，并于2月15日在武昌洪山惨遭杀害。

这一天，军阀吴佩孚又指使反动军警对长辛店、郑州等京汉铁路工人进行残酷的反革命大屠杀，造成震惊中外的二七大惨案，把轰轰烈烈的京汉路工人大罢工镇压下去。在这次大惨案中，全路四十多名工人被杀害，数百名受伤，四十余人被捕入狱，一千多人被开除，流亡各地。

# ➔ 碧血千秋

★★★★★

---

林祥谦虽然牺牲了，但是他那不畏强暴，不怕牺牲，勇敢坚定，宁死不屈的大无畏精神，高度自觉的组织性纪律性，以及全心全意为劳苦大众求解放的崇高品质，为中国人民树立了光辉的榜样。林祥谦用鲜血谱写的爱国主义诗篇，教育和激励千百万革命群众团结起来开展反对帝国主义及其走狗封建军阀的斗争。

林祥谦牺牲后，一个声讨制造京汉铁路工人流血惨案的罪魁祸首，为林祥谦和死难工友报仇的浪潮，很快席

甘洒热血写春秋

卷神州大地。

二七惨案发生的当天晚上，湖北全省工团联合会立即下令总罢工，抗议军阀的暴行。第二天，汉阳钢铁厂、汉冶萍轮驳、丹水池、扬子机器厂等工厂的工人，都一致罢工。

2月9日，在军阀的野蛮镇压下，为了保存实力，京汉铁路总工会和湖北全省工团联合会联名下了复工令，要求工人忍痛复工，伺机报仇。复工令宣告："杀吾工界领袖林祥谦之仇誓死必报，言论出版集会结社罢工之自由誓死必争，军阀官僚中外资本家誓死必打倒。"

京汉铁路工人在悲痛地复工以后，坚定地宣誓：

　　赵继贤，真可恨！残杀我工人，

　　努力呀，奋斗呀！大家要齐心。

　　不报仇，不雪恨，不为世上人！

二七惨案发生后，道清、正太、津浦、粤汉等铁路工人都举行了同情罢工。京绥、京奉铁路工人也举行了声援集会，京奉铁路工人还召开了死难烈士追悼大会。

2月9日，北京学生联合会召开全市学生联合大会，四千多学生、工人和市民参加了会议，工人及死难工友家属在会上愤怒地控诉了军阀的滔天罪行。会后，学生

△ 林祥谦烈士陵园

和工人举行了示威游行。示威群众手举"援助工人"、"打倒军阀"、"还我自由"的旗帜，并高悬死难工人的血衣，沿途散发传单，高呼"打倒军阀"、"援助工人"、"劳工万岁"等口号。3月22日，北京各界群众五千多人，在高师操场隆重召开了"施林暨二七遇难烈士追悼大会"，沉痛悼念施洋、林祥谦等"二七"烈士。施洋夫人郭继烈参加了大会。各界代表在发言中指出："军阀的万恶一天比一天厉害，自由的桥是要尸体才能造成的。"坚决表示，要"继承诸先烈，奋斗争自由"，"杀国贼，除内奸，灭强盗，以报死者"。与会群众一致强烈要求北洋政府惩办制造二七惨案的罪魁祸首，释放被捕工人，恢复被封闭的工会，抚恤死难工人家属。

二七惨案发生后湖南全省工团联合会决定：向各处募捐，救济死亡工友之家属及受伤工友；通电全国要求各界援助；设讲演团实行各地讲演，宣布此次京汉铁路罢工之惨情及军阀之横行状况；举行大规模的追悼会。2月20日，湖南全省工团联合会分别致电吴佩孚和肖耀南，强烈抗议军阀的罪行，他们以俄国沙皇的可耻下场，正告吴佩孚"拥直鲁豫湘鄂正副巡阅使之尊，人莫予毒"，必将招致"国人鸣鼓而攻之"。电文痛斥肖耀南狐假虎威，鱼肉百姓，残杀工人，警告肖耀南："天地虽宽，将无先生立足之地矣。"湖南全省工团联合会还组织了有两万工人参加的示威游行，抗议军阀暴行。

二七惨案的消息传到国外后，第三共产国际发表《拥护中国铁路工人宣言》，指出："得悉你们为反抗军阀——英、美、日本帝国主义者之忠仆而血战……确实说，你们的行动，是已经走到世界无产阶级的组织了。"苏联、日本和朝鲜等国工人也先后发表通电、宣言。"日朝无产者同盟宣言"指出："我们日本和朝鲜的无产阶级，对于你们能够以最勇敢的精神，实行阶级斗争的中国无产阶级的先锋队，是诚诚恳恳表示了无限的赞美和敬意的。"

林祥谦和广大京汉铁路工人用鲜血和生命，无情地撕下了吴佩孚"保护劳工"的伪装，彻底地揭穿了吴佩孚自命为"中山先生志同道合之知己"的弥天大谎。血淋淋的事实深刻地教育了中国人民，让中国更多的民众认清了：帝国主义及其走狗封建军阀是自己的凶恶敌人。

林祥谦宁死不屈的光辉形象和京汉铁路工人的英雄勋绩，使中国人民认识到：中国工人阶级具备着任何其他阶级所无法比拟的革命坚定性和彻底性，只有中国工人阶级才能担当中国革命的领导阶级；中国民主革命只有在中国工人阶级政党——中国共产党的正确领导下，才有胜利的希望。

由于遭到封建军阀的残酷镇压，二七

甘洒热血写春秋

惨案发生以后，全国各地的工会组织除广东、湖南等外几乎都遭封闭摧残，全国工人运动暂时趋于低潮。领导京汉铁路工人大罢工的中国共产党，也从自己的优秀党员林祥谦和广大工人的顽强斗争中，进一步认清了中国的国情，总结了十分有益的经验教训。斗争的实践表明：在工人毫无民主自由权利的半殖民地半封建的中国，几乎所有规模较大的工人斗争都受到反动军警的镇压，因此，为了争取革命的胜利，没有革命的武装，仅仅依靠罢工这个斗争方式和途径是不行的，赤手空拳是打不倒全副武装的帝国主义及其走狗封建军阀的，必须建立革命的武装，用武装的革命消灭武装的反革命。中国劳动组合书记部在二七惨案以后发表的文告中指出："劳动者能有武器，岂能任他们如此杀戮？"中国共产党还认识到：中国革命的敌人是异常强大的，工人阶级孤军奋战是战胜不了他们的，面对强大的帝国主义和中国的封建势力的联合进攻，为了战胜强大的敌人，必须利用一切可能的机会，争取一切可能的同盟者，特别要和自己的天然同盟军——占领全国人口百分之八十以上的农民，结成牢固的联盟，建立广泛的反帝反封建的民主革命统一战线，组成浩浩荡荡的革命大军，才能把敌人淹没在人民革命的汪洋大海里。

在正确地总结了全国第一次工人运动高潮，特别是京汉铁路工人大罢工和二七流血大惨案的经验教训的基础上，年轻的中国共产党率领中国人民，踏着烈士的血迹，进入了以国共合作为基础的大革命时期，开始了新的战斗征程。1923 年 6 月，中国共产党第三次全国代表大会正确地制定了革命统一战线的方针。1924 年 1 月，中国共产党和孙中山领导的中国国民党，正式建立了革命统一战线。从此，在中国大地上掀起了一场席卷全国的以"打倒列强，除军阀"为宗旨的大革命风暴。同年 2 月 7 日，在二七惨案一周年纪念日，全国铁路总工会宣告成立。在中国共产党领导下，中国工人运动重新崛起，爆发了五卅运动和省港大罢工，有力地推动了大革命的发展。1926 年 7 月，在国共合作旗帜下进行的北伐战争胜利进展，北伐军迅速挥师进入湖南、湖北，9、10 月间先后攻占汉口、汉阳和武昌，击溃了京汉铁路工人的仇敌吴佩孚军队的主力。1927 年 2 月 7 日，湖北各界举行二七惨案纪念大会，并在江岸举行二七烈士纪念碑奠基礼，碑文赞扬二七烈士是"革命先锋"，认为他们与辛亥革命中的黄花岗烈士一样千古："以视黄花，尤其烈士。"碑文称颂二七烈士"这种牺牲，难能可贵"，"奋斗精神，宛然如在"。碑文还写道："打倒列强，打倒军阀，尽铲残余，完成北伐，仇敌之除，英灵是慰。"

林祥谦和京汉铁路的广大工人，以震撼中外的政治大罢工，为中国工人运动和中国现代革命史谱写了光辉灿烂的篇章。

# 后 记

## 弘扬先驱者的献身精神

    林祥谦等烈士的鲜血染红了东方,浇灌了新中国的百花园。七十多年来,为了民族解放、社会进步和人民幸福这一伟大历史使命,中国工人阶级及其先锋队中国共产党团结广大中国人民进行了不屈不挠、前仆后继的英勇斗争。林祥谦和无数先烈以鲜血铸造的新中国丰碑已站立在世界东方。

    新中国诞生之初,党和人民政府即采取行动,惩办制造二七流血惨案的有关案犯,藉以告慰二七烈士。双手沾满京汉铁路工人鲜血的凶手赵继贤继续与人民为敌,并先后把名字改为"赵益三"、"赵博学"等,到处流窜。1951年5月10日,经过苏州市群众的检举,苏州市公安人员依法逮捕了赵继贤,并将赵犯押解郑州。7月8日,在郑州召开了有一万多工人群众参加的公审赵犯大会。7月16日,又将该犯押至汉口江岸机务段广场。江岸铁路工人和广大革命群众，饱含着仇与恨，踊跃地参加了公审赵犯大会。人民政府和武汉铁路分局，特地派人到林祥谦烈士的家乡，亲切慰问了因当年白色恐怖无法在江岸立足、由党组织安排回乡的烈士夫人陈桂贞，并护送她到江岸参加公审赵犯大会。武汉市人民法院宣判赵继贤死刑，将赵犯绑赴当年林祥谦就义的地方，执行枪决。人民政府为二七烈士报了仇，雪了恨。广大铁路工人和革命群众无不兴高采烈，欢欣雀跃。

　　铭记二七先烈的英雄业绩，弘扬先驱者的献身精神。新中国建立后，党和政府为了纪念林祥谦、施洋等二七烈士的勋绩，发扬二七精神，先后在武汉江岸建立了二七革命纪念馆、二七烈士纪念碑，武汉洪山修筑了施洋烈士墓；在郑州建了二七纪念堂和二七纪念塔；在长辛店建造了二七烈士陵园。党和国家领导人为烈士题词、题诗，意义深远。1958 年 9 月 16 日，毛泽东为江岸二七革命纪念碑亲笔题写"二七烈士纪念碑"七个大字，并在湖北省委的信中写道："谨向烈士们致以敬意。" 1963 年，朱德在祥谦陵园管理处亲手书写"二七烈士永垂不朽！"同年，董必武为纪念二七大罢工四十周年题诗：

　　　　自由争未得，被迫罢全工。

千里钢轮辍，四方兵马攻。

空拳当火器，徒步敌花骢

虽败荣犹著，英光永世红。

郭沫若于 1963 年二七运动 40 周年纪念日，为林祥谦烈士的题词中写道："二七运动，京汉铁路大罢工，为无产阶级革命打了先锋。反帝反封建的雄伟力量，终于摇醒了沉睡的巨龙。头可断，决不向反革命投降！烈士林祥谦是革命者的榜样。还有他亲密的战友、烈士施洋，他们的鲜血彻底染透了东方！"

碧血千秋，林祥谦的精神永在！

二七惨案给林祥谦一家造成巨大的痛苦和灾难，留下永不磨灭的记忆。林祥谦妻子陈桂贞回忆说，1923 年 2 月 7 日晚，她看到军阀的刽子手向林祥谦的右肩砍去时，晕倒了。她醒来时，林祥谦已经牺牲了。陈桂贞同林祥谦的父亲林其庄等人忍着巨大悲痛到江岸车站收殓。张厚生惨无人道，居然不许，且加威吓。林其庄气愤地跑回家拿一把斧头，再到车站，对张厚生说："如不许收尸，定以老命拼了。"同时，工友们也群起斥责张厚生，与之交涉，张才不敢阻拦。林祥谦头部被砍得只剩下颈后一层皮连着身躯，身上被砍了七刀，满身血肉模糊。陈桂贞洗净丈夫尸身，用线把他缝好后，收殓入棺。二七惨案后的黑暗日子里,汉口福建街林其庄居住的破旧草棚里排列着两口棺材,收殓了林祥谦、林元成兄弟。林祥谦牺牲的同年10月,失去两个儿子的林其庄也被铁路工厂工头下毒手,活活打死。这时,林祥谦的长女林汉玉才4岁,遗腹子刚诞生,名叫冠康。陈桂贞母子三人靠中共地下组织的时常接济和自己做些女工维持家庭生计。

据陈桂贞回忆:大革命失败后,武汉形势更加险恶,反动派叫嚣要"斩草除根"。有一天,党派人冒着危险通知她离开武汉。当时陈桂贞焦急地问,什么时候能找到你们。那位同志坚定地告诉她:"你放心,党永远和人民在一起,总有一天你能找到党的。"从此,陈桂贞和共产党组织失去了联系,家庭生活更加拮据。1928年,在工友们的帮助下,陈桂贞母子三人回到福建故乡。令人心碎的是,伴随他们返回故里乃是三口棺材。豺狼当道天未亮,二七烈士英灵无鲜花。返乡后,在那时的环境下,陈桂贞只能把林祥谦兄弟及其父亲林其庄的棺木草草安葬在枕峰山,小块墓地还是族亲赠送的。回乡仅三年,陈桂贞又遭不幸,女儿林汉玉夭折了。此后,陈桂贞和儿子林冠康相依为命,在漫漫黑夜里煎熬。

雄鸡一唱天下白。1949年10月1日,中华人民共和国诞生，中国历史由此开辟了一个新纪元。毛泽东为竖立在北京天安门广场的人民英雄纪念碑起草的碑文写道："三年以来，在人民解放战争和人民革命中牺牲的人民英雄们永垂不朽！三十年以来，在人民解放战争和人民革命中牺牲的人民英雄们永垂不朽！"在欢庆胜利的日子里，中国共产党和全国人民怀着崇敬的心情，纪念在长期斗争中为中国的民族独立和人民解放而英勇献身的革命先烈。

党和人民永远铭记林祥谦。新中国成立后，陈桂贞先后被推选为福建省政协委员、福建省妇联执委、闽侯县人大代表等职。1959 年，陈桂贞出席了在北京召开的全国军烈属积极分子代表大会。政府还在林祥谦故居原址为陈桂贞一家修筑一座别墅式的房屋，让烈士遗孀安享晚年。林祥谦的子孙也都得到党和政府的关怀，共享灿烂的阳光。

1958 年 9 月，尚干镇成立人民公社时，以烈士的光辉名字命名为祥谦人民公社，改革开放后又设置祥谦镇。

1963 年，政府在林祥谦故乡的枕峰山麓兴建了占地面积一万三千多平方米，建筑面积五千一百八十平方米的宏伟壮观的祥谦陵园。陵园旁边，还创建了一所祥谦中学。每年清明时节，各地的工人、农民、解放军、干部和大中小学师生，络绎不绝地来到祥谦陵园，向烈士墓地敬献花圈，举行悼念仪式，追思先烈，表达愿景。许多工厂、机关、学校在这里举行入党、入团、入队的宣誓仪式。1989年8月20日，中华人民共和国国务院批准祥谦陵园为全国重点烈士纪念建筑物保护单位。2001年6月，中共中央宣传部决定祥谦陵园为全国爱国主义教育示范基地。培育爱国之情，激发报国之志。历史总是不断前进的。崭新的历史使命，更需要发扬林祥谦这样的先驱者所具有的爱国主义精神。这样，我们的事业才有希望。正因为如此，祥谦陵园已不仅只是永恒的烈士纪念地，而且是正在发挥着社会教育功能的重要场所。最近，国家又拨款重修祥谦陵园。厚载着林祥谦精神的祥谦陵园必将给为把我国建设成为一个现代化社会主义强国而奋斗的中国人增添更大的精神动力！

我在孩提时代就知晓林祥谦的英名。1963年清明节，正在读高中的我和同学们怀着崇敬的心情瞻仰了刚建成的祥谦陵园，并到林祥谦故居聆听了陈桂贞老人的教诲。我为自己家乡涌现出林祥谦这样的伟人深感骄傲和自豪，于是写了一篇散文，抒发我对英烈的缅怀。这篇文章被编入当年闽侯专区优秀中学生作文选，是我用文字记述林祥谦的初作。1978年，我和三位同事着手研究林祥谦。我们深入林祥谦故乡查访；赴马尾造船厂和汉口、郑州、长辛店等地，广泛搜集档案、报刊等各类文献资料；访问当事人，获取丰富的口述史料。之后，我陆续发表了林祥谦传记作品和研究论文。我在撰写本书时充分运用了自己以往积累的资料和研究成果，希望读者读了会受到教育，得到激励。